"十二五"职业教育国家规划立项教材
新编全国旅游中等职业教育系列教材

导游语言技巧

DAOYOU YUYAN JIQIAO

陈 波 朱德勇 ◎ 主编

北京·旅游教育出版社

策 划：张 萍
责任编辑：陈 志

图书在版编目（CIP）数据

导游语言技巧 / 陈波，朱德勇主编；-- 北京：旅游教育出版社，2017.3（2021.8）
新编全国旅游中等职业教育系列教材
ISBN 978-7-5637-3518-1

Ⅰ．①导… Ⅱ．①陈… ②朱… Ⅲ．①导游—语言艺术—中等专业学校—教材 Ⅳ．①F590.63

中国版本图书馆CIP数据核字（2017）第010979号

新编全国旅游中等职业教育系列教材

导游语言技巧

陈 波 朱德勇 主 编

出版单位	旅游教育出版社
地　　址	北京市朝阳区定福庄南里1号
邮　　编	100024
发行电话	（010）65778403　65728372　65767462（传真）
本社网址	www.tepcb.com
E - mail	tepfx@163.com
排版单位	北京旅教文化传播有限公司
印刷单位	北京泰锐印刷有限公司
经销单位	新华书店
开　　本	710毫米×1000毫米　1/16
印　　张	9
字　　数	141 千字
版　　次	2017年3月第1版
印　　次	2021年8月第4次印刷
定　　价	28.00元

（图书如有装订差错请与发行部联系）

前 言

随着社会的发展，人们对外出旅游的要求越来越高，这就要求导游有较高的语言艺术能力。本书为学习旅游专业的学生或从事旅游行业的人士提供一些提升导游语言能力的技巧，望对他们有一定的帮助。

"导游语言技巧"是导游专业核心课程，要求全面、系统认识和掌握导游语言的规律和业务知识，能够将语言礼节运用到导游讲解中；要求掌握导游词、欢迎词、欢送词、讲解词的表达方法；要求提高学生运用所学业务知识和管理理论分析、解决导游语言实际问题的能力。参考学时72个。

参加本书编写的教师，在旅游专业教学战线辛勤耕耘十余年，有娴熟的专业技能和丰富的教学经验。在编写过程中，结合旅游实践，深入浅出，对导游语言技巧进行了清晰的阐述。

本书由武汉市旅游学校陈波、武汉城市职业学院朱德勇担任主编，张红华（淮南市职业教育中心）、樊红月（江苏省句容中等专业学校）、肖蕾（武汉市旅游学校）担任副主编，第一章由邓志菊（武汉市旅游学校）、雷鸣（武汉市旅游学校）编写，第二章由肖蕾、李光（江苏省涟水县中等专业学校）编写，第三章由樊红月编写，第四章由朱轶（武汉市旅游学校）、印杨（武汉市旅游学校）编写，第五章由秦林杰（南宁市第一职业技术学校）编写，第六章由朱德勇、张红华编写，第七章由王芳（武汉市旅游学校）编写。

在本书的编写过程中，我们参考了许多权威著作和资料，并得到业内专家、学者的大力支持，在此一并致谢。由于时间和水平有限，本书错误和疏漏之处在所难免，敬请广大读者指正。

编者

目 录

第一章　导游语言概述 ·· 1
 第一节　导游、导游交际与导游语言的含义、作用和分类 ············ 1
  一、导游、导游交际与导游语言 ·· 1
  二、导游语言的作用 ·· 2
  三、导游语言的分类 ·· 3
 第二节　导游语言的特点 ·· 4
  一、导游语言的准确性 ·· 4
  二、导游语言的逻辑性 ·· 5
  三、导游语言的生动性 ·· 5
  四、导游语言的美感性 ·· 5
  五、导游语言的灵活性 ·· 5
 第三节　导游语言的运用原则 ·· 5
  一、导游语言要正确 ·· 5
  二、导游语言要清楚 ·· 7
  三、导游语言要生动 ·· 10
  四、导游语言要灵活 ·· 13

第二章　导游词写作 ·· 16
 第一节　导游词概述 ·· 16
  一、导游词种类 ·· 16
  二、导游词的作用 ·· 20
  三、导游词的写作程序 ·· 21
 第二节　欢迎词 ·· 24
  一、欢迎词的特点 ·· 24

二、欢迎词的基本要素 …………………………………… 26
第三节　欢送词 …………………………………………………… 28
　　一、欢送词的特点 ………………………………………… 29
　　二、欢送词的基本要素 …………………………………… 30
　　三、欢送词的主要类型 …………………………………… 31
第四节　景点讲解词的写作技巧与注意事项 …………………… 34
　　一、分段写作法 …………………………………………… 34
　　二、突出重点法 …………………………………………… 34
　　三、虚实结合法 …………………………………………… 35
　　四、同类比较法 …………………………………………… 36

第三章　导游讲解语言 ……………………………………………… 40
　第一节　导游讲解语言的基本要求 ……………………………… 40
　　一、导游讲解语言的准确性 ……………………………… 41
　　二、导游讲解语言的逻辑性 ……………………………… 42
　　三、导游讲解语言的生动性 ……………………………… 45
　第二节　导游讲解语言的用词技巧 ……………………………… 47
　　一、正确 …………………………………………………… 47
　　二、清楚 …………………………………………………… 48
　　三、生动 …………………………………………………… 48
　　四、灵活 …………………………………………………… 49
　第三节　导游讲解语言的语音技巧 ……………………………… 51
　　一、巧用声音 ……………………………………………… 51
　　二、掌握语调 ……………………………………………… 51
　　三、调节音量 ……………………………………………… 52
　　四、控制语速 ……………………………………………… 53
　　五、注意停顿 ……………………………………………… 54
　第四节　导游讲解语言的修辞技巧 ……………………………… 55
　　一、比喻 …………………………………………………… 55
　　二、比拟 …………………………………………………… 56
　　三、夸张 …………………………………………………… 57
　　四、引用 …………………………………………………… 58

五、换算 59
　　　六、映衬 59
　第五节　幽默语在导游讲解语言中的运用 60

第四章　导游交际语言 63
　第一节　导游交际语言的基本要求 63
　　　一、适时 63
　　　二、适量 64
　　　三、适度 64
　第二节　导游交际语言的运用技巧 66
　　　一、称谓的语言技巧 66
　　　二、称呼语言运用原则 66
　　　三、寒暄的语言技巧 67
　　　四、介绍的语言技巧 69
　　　五、喊人的语言技巧 72
　　　六、交谈的语言技巧 73
　　　七、劝服的语言技巧 74
　　　八、提醒的语言技巧 76
　　　九、回绝的语言技巧 77
　　　十、道歉的语言技巧 78
　　　十一、开场白的技巧 79
　　　十二、结束的语言技巧 81

第五章　导游态势语言 88
　第一节　导游态势语言概述 88
　　　一、态势语与导游态势语 88
　　　二、态势语在导游工作中的作用 89
　　　三、导游态势语的使用原则 91
　　　四、导游态势语的培养 93
　第二节　导游态势语言运用技巧 93
　　　一、首语 93
　　　二、表情语 94

  三、目光语 ······ 95
  四、服饰语 ······ 96
  五、姿态语 ······ 97
  六、手势语 ······ 98
  七、界域语 ······ 102

第六章　导游语言中的礼貌礼节 ······ 106
 第一节　礼貌礼节用语概述 ······ 106
  一、礼貌和礼节 ······ 106
  二、人际交往中的基本礼节 ······ 106
 第二节　导游语言中应注意的礼貌礼节 ······ 108
  一、导游对游客的称谓 ······ 108
  二、导游与游客交谈时的礼貌礼节 ······ 109

第七章　导游词赏析 ······ 111
 第一节　自然旅游资源类导游词赏析 ······ 111
  一、地文景观类 ······ 111
  二、水域风光类 ······ 123
  三、生物景观类 ······ 125
 第二节　人文旅游资源类导游词赏析 ······ 128
  一、历史古迹类 ······ 128
  二、民族风俗类 ······ 133

参考文献 ······ 136

第一章 导游语言概述

本章概览

语言,是人类沟通信息、交流思想感情、促进相互了解的重要手段,是人们进行交际活动的重要工具。导游语言,是导游交际的工具,在旅游活动中占有举足轻重的地位。导游服务工作要求导游人员具有比较坚实的语言功底,要求导游人员在与旅游者交流和讲解时,注意导游语言的准确性、逻辑性、生动性和灵活性,语言表达力求正确、得体,要在"达意"和"舒服"上下工夫,在"美"上做文章。导游语言得体、优美不仅仅反映了自己的语言水平,也是对旅游者的尊重。

第一节 导游、导游交际与导游语言的含义、作用和分类

一、导游、导游交际与导游语言

导游,即导游员,是导游服务工作的从业人员,指依照《导游人员管理条例》的规定取得导游证,接受旅行社委派,向旅游者提供向导、讲解、翻译及相关旅游服务的人员。

导游交际,是指导游员在导游服务过程中与游客进行信息和感情交流的活动。在导游交际过程中,虽然导游讲解占有主要地位,但往往还有大量时间用于同游客进行思想沟通交流。不管是导游讲解还是思想交流,语言是最基本、最重要的工具。

导游语言,从狭义的角度看,是导游员对游客进行导游讲解、传播知识、交流思想和沟通情感时使用的一种富有丰富表达力、生动形象的口头语言;从广义上讲,是导游员在导游服务过程中必须熟练掌握和运用的所有具有一定意义并能实现沟通目的的一种符号。

现代语言学家认为，语言是传递信息的一种符号。导游语言便是导游员用以做好导游服务工作的重要手段和工具。导游员掌握的语言知识越丰富，驾驭语言的能力越强，运用得越好，信息传递的障碍就越小，游客就越容易领悟，导游讲解和沟通的效果就越好。

二、导游语言的作用

导游语言是导游交际的工具，在旅游活动中起着重要的作用，可以说没有导游语言这一工具，导游工作就无法正常进行。导游掌握语言知识的深浅、驾驭语言能力的强弱直接影响导游服务效果的好坏。导游语言是一门艺术，它要求导游人员在准确、清晰地讲解的同时，还须善用语言技巧来突出和渲染气氛、增强效果，充分调动游客的积极性，激发其兴趣。总的来说，导游语言有以下作用：

（一）增进相互了解和陶冶游客性情

旅游者外出旅游的主要目的就是缓解平时工作和生活中的压力，放松自己压抑的心情和陶冶情操。此外，旅游者出来游玩还有一个目的，就是为了更加亲近大自然，更多了解和感受大自然的美。但是由于自己知识的缺乏或者由于了解不全面，不能尽兴地欣赏大自然的美好，容易留有遗憾。这时就需要导游的讲解来帮助他们更多地去了解大自然，弥补他们的不足，使旅游者乘兴而来、尽兴而归。同时高质量的导游语言讲解有助于加深游客对游览地的了解和对自然景观、人文景观的认识，从而使他们增长知识，获得更多的旅游乐趣和精神享受。另外导游的语言讲解还可以使旅游者游览观光时的审美情趣探寻和求知欲望得到满足，并以深入浅出、生动形象、妙趣横生的讲解，激发游客的兴趣，使之获得丰富的知识和美的享受，在潜移默化中陶冶性情，培养热爱祖国、热爱自然、热爱生活的健康情操。

（二）有助于提高导游服务质量

导游语言是导游人员以丰富多彩的社会生活和绚丽多姿的自然美景为题材，以兴趣爱好不同、审美情趣各异的游客为对象，对自己掌握的各类知识进行整理、加工和提炼，用简洁、明快的语言进行的一种意境的再创造。因此，导游语言的好坏关系到导游服务质量的高低。高水平的导游语言能增强游客的满意度，优秀的导游语言能够促进导游和游客之间关系的和睦，能够活跃旅途气氛，促使游客在各方面对导游工作的配合。这样，导游在导游服务过程中将会更加得心应手。导游也正是通过高水平的语言、渊博的知识来树立自己在游客心目中的第一形象。

（三）有助于传播优秀文化

我国是人类文明的发祥地之一，不仅幅员辽阔、地大物博，而且具有悠久的历史和灿烂的文化，更有举不胜举的名胜古迹。如果没有导游人员富于知识性、艺术性的语言表述，游客就不可能真正了解这些珍贵旅游资源的重要价值。通过导游人员的介绍，可以帮助游客认识一个国家（或地区）和其民族的历史文化、传统风俗、生活方式和现代文明，进而了解他们的精神面貌、价值观念和道德水准，使游客对游览地的社会文化和精神风貌有切身体验，获得在旅游目的地的一次难忘经历和美好的回忆。当然，导游员的语言必须以渊博的知识作基础，这样才能做到言之有物，才能向游客提供最新的信息、最好的服务，以满足游客日益增长的求新、求美、求乐的旅游需求。导游人员的工作特点要求导游要有真才实学，有渊博的知识，并能将知识在实际工作中融会贯通、深入浅出地发挥出来，通过导游讲解更好地传播优秀文化。

三、导游语言的分类

从语言的表现形式上，导游语言可分为口头语言、态势语言、书面语言和副语言。其中副语言是一种有声而无固定语意的语言，如重音、笑声、叹声、掌声等。在导游服务中，口头语言、态势语言使用最多，是导游员用以实现导游服务目的的主要手段。

（一）口头语言

导游服务中，口头语言使用频率最高，是导游人员做好导游服务工作最重要的手段和工具。它的构成应包括语音、语调、词汇、语义和语法。但在口语交流中，语音最富有表现力，它借助音量、语调、语气和语速的变化，使同样的词汇和语法在使用时令对方产生语义理解上的差异。美学家朱光潜告诉我们，"一个人话说得好就会如实地达意，使听者感到舒服，产生美感。这样的说话就成了艺术"。所以，掌握好口头语言的运用技巧，导游员的讲解就会对游客产生较强的感染力。

 特别提示

口头语言要注意避免不良口头禅

口头禅，原指有的禅宗和尚只空谈禅理而不实行，也指借用禅宗常用语作为谈话的点缀。今指经常挂在口头的词句。它常常与口语化严重问题相伴发生。导游"嗯""啊""额""然后""这个""那个"等等常见的口头禅就像甩不掉的尾巴一样，让游客对导游产生不好印象。因此，导游口头语言要注意避免不良口头禅。

克服过多的口头禅，主要方式有两种：第一，对于连接词型口头禅，通过自己口头禅的同义词来替换，减少同一个词语的重复率。例如常说"那么"可以替换为"因此""所以""接着"等等词语。第二，对于"嗯""啊""额"等停顿型口头禅，通过停顿或换气来减少。例如停顿的时候喜欢说"嗯"，可以在心

里默念或刻意换气。这两种方式都需要提前进行大量的练习，养成习惯才能克服口头禅。

（二）态势语言

态势语言，又称为身体语言，是以人的姿态、表情和动作等来表示一定语义和进行信息传递的无声语言。虽然它是一种伴随性语言或辅助性语言，但在导游语言中却是一个不可或缺的部分，有时还会起到口头语言不可替代的作用，有利于促进导游员和游客之间的信息传递和情感交流。态势语言的划分有多个标准，但就导游语言的运用角度而言，主要包括表情语、服饰语、动作语等。

（三）书面语言

书面语言作为导游语言，主要表现为旅游宣传资料的文字内容，可以帮助游客了解游览目的地的概况，进一步理解和记忆导游讲解的内容，更可作为一种日后回忆的资料。书面语言通常较口头语言在语法、结构和词汇等方面来得复杂，表达方式更为优美，但不如口头语言直接和通俗易懂。

在导游讲解中，很多书面语言值得导游员参考，经过咀嚼、消化，转化为口头语言，成为讲解内容的一部分。

（四）副语言

副语言是一种有声而无固定语意的语言，如重音、笑声、叹声、掌声等。在导游服务语言中运用得相对较少，但运用得好，会对其他导游语言起到很好的辅助作用。

第二节　导游语言的特点

导游语言的表达时空跨度大，场合多变，内容丰富，对象复杂，因而形成了导游语言自身的特点。

一、导游语言的准确性

导游语言的准确性是必须符合而不违背客观事实，即在遣词造句、叙事上要以事实为基础，准确地反映客观事实。无论是说古论今、议人叙事、讲故事还是说神话，都要做到合情合理，切忌空穴来风、夸大其词甚至胡编乱造。这就要求导游人员对所讲、所谈的事物和内容有充分的准备，谙熟于胸，遵循"正确原则"。

二、导游语言的逻辑性

导游语言的逻辑性，即要符合逻辑思维的规律，要保持连贯性；同时语言表达要有次序，导游人员应当根据思维逻辑，将要讲的内容分清前后次序，使之层层递进、条理清楚、脉络明晰，遵循"清楚原则"。

三、导游语言的生动性

导游语言的生动性就是用有活力的语言打动人心，引起旅游者的共鸣。准确无误、富有逻辑的导游语言能使旅游者得到准确的知识和信息，而生动形象、幽默风趣的导游语言可以给旅游者带来轻松愉快和美的享受。

四、导游语言的美感性

旅游是一项综合性的审美活动，游山水、观建筑、赏园林、品书画、看雕塑、尝美食等等无不是对自然美、人文美和社会美的综合体验。导游语言的美感性体现在描绘性语言的辞藻美、叙述性语言的流畅美、质疑方式的得体美、缩距技巧的熨帖美、点化技巧的升华美等等。因此，导游语言一定要具有美感性。导游人员不仅要自己发现美、欣赏美，而且要善于表达美，让旅游者获得美的享受。

五、导游语言的灵活性

灵活性是指语言运用中要根据旅游者的各自具体情况以及特定旅游活动的需要对导游词进行灵活调整，随机应变，根据不同的对象和时空条件决定讲解的多少、内容的深浅、语言的层次、声音的大小等等。

第三节　导游语言的运用原则

导游工作要求导游人员在工作现场能以准确、高雅的语言，生动形象地进行导游讲解。有志成为一名能进行高水平导游讲解的优秀导游人员，不仅要有坚实的语言功底，还要在运用语言时能遵循"正确、清楚、生动、灵活"四原则。

一、导游语言要正确

正确，即导游语言的规范性、准确性。这是导游语言科学性的具体体现，是导游人员在导游讲解时必须遵守的基本原则。导游人员的语言要做到正确，必须注意以下四个方面：

（一）语音、语调、语法正确

导游人员的语音、语调和语法要正确，否则游客就会听不懂，无法达到表达思想、传递信息的目的。为此，导游人员要勤学苦练，讲地道的外语或标准的方言，普通话则要注意发音的正确，不受乡音的影响。遣词造句要准确，词语组合、搭配恰当是语言运用的关键。一个句子或一个意思要表达得确切、清楚，关键在用词与词语的组合及搭配上，要在选择恰当词汇的基础上，按照语法规律或语言习惯进行有机组合，同时注意节奏快慢和停顿。

1. 适度、优美的语音、语调

导游人员在导游讲解时音量大小、声音高低要适度，以旅游者听清为准，避免声音过高。音量过大则会形成噪声，对旅游者是一种刺激和伤害，时间长了还会引起旅游者的烦躁情绪。声音过低、音量太小使旅游者听起来吃力，容易疲劳；同时会使旅游者感到导游人员讲解没有把握或自信心不足，更为要害的是导游人员的声音太小了以至于使旅游者听不清他（她）在讲什么，就从根本上起不到导游语言传递信息的最基本的作用，直接影响导游服务的质量。

导游人员在导游讲解时，语音、语调要标准，要符合所用语种的讲话习惯，使旅游者听起来亲切、舒服。语音、语调既要正确、优美、自然，还要富于变化、悦耳动听，要对旅游者有感染力，激发其游兴。

2. 掌握导游语言的节奏

导游语言的节奏是指说话的快慢和语句的断续停顿。节奏运用得当不仅使旅游者听得清楚明白，还会使其心领神会从而达到更好的旅游效果。在导游工作中，导游人员应注意观察旅游者的反应、理解能力等，根据当时的具体情况决定讲解语言节奏的快慢。例如，在刚刚接到旅游团导游人员致欢迎词时的讲话速度就要比平时慢一些，声音略大些，最好不使用扩音器，这样不仅旅游者能听到导游人员真实的声音，而且可以清楚地观看到导游人员讲话时的口形。这样做有助于缩短旅游者适应导游语言的时间，尽快为导游服务创造最基本的条件。待旅游者逐渐适应了导游人员的语音、语调后，再适当加快语速。在向旅游者讲解各种注意事项时，声音就应增高，音量要放大，速度要放慢，更应将重音落在具体的时间、地点上。

（二）内容正确

了解、熟悉所讲、所谈的事物和内容，是运用好语言的基础。如果导游人员讲解的内容不正确，不但不能准确地反映所谈事物的本来面貌，还容易误导游客。因此，导游在讲解时，背景材料如历史沿革、数据、地质构造等必须准确；故事传说、民间传奇也要有据可查，不能道听途说，信口开河；若遇到说法不一致的地方可忽略不讲或选择有代表性的意见介绍给游客。

(三)观点正确

导游人员是"游客之师",是一个地方文化的传播者,甚至是国家形象的代表、民族尊严的维护者。因此,导游人员要有严肃、认真的科学态度,对所讲内容要有正确的观点,实事求是地用恰当的语言进行表达。为此,导游人员要有锲而不舍、勤学苦练的精神,只有这样才能不断进取,认真地对待语言中的每一个词语,使之符合语境并正确地反映客观实际。

(四)正确使用成语、名人名言

在导游服务中,如果导游人员不能正确使用成语、名人名言,不仅不能使讲解内容生动,反而还会弄巧成拙。因此,导游人员要充分理解成语、名人名言所指的含义、适用的场合,才能起到画龙点睛的效果。

譬如,导游人员在武汉黄鹤楼向游客介绍:"说起天下名楼,黄鹤楼以楼姿之雄伟、历史之悠久闻名,首当其冲可以算得上三大名楼中的第一楼。"

"首当其冲"这个成语的含义是首先遭受灾难,用在以上语境属于成语错用。

二、导游语言要清楚

清楚是导游语言科学性的又一体现,要求导游人员在导游讲解时:

(一)思路清晰

导游人员应根据思维逻辑,理清思路,将要讲的内容分前后次序,即先讲什么、后讲什么,使之层层递进,条理清楚,脉络清晰。

 案例分析

例如:一段介绍武汉黄鹤楼的导游词

大家看,二楼中陈列着唐宋元明清和现代六座黄鹤楼模型。它们各自代表了其所处各自时代的建筑风格。您瞧,这座唐朝的黄鹤楼,一楼和城相连,外看只有两层,整体结构比较简洁、粗犷,给人一种古朴、雄浑的感觉。再看一下宋代的楼,由楼、台、轩、廊四部分构成,每层翘首重檐,飞达四敞,展现了宋代精致、隽逸的艺术风格。元代的形式延续了宋代的风格,明代则依然是两层。大家再看,这里还有一些布篷之类的东西,您知道这是干什么用的吗?没错,这就是咱们古时人们用的遮阳伞。请看这边清朝的黄鹤楼,它分三层,第一层有12个檐,代表着一天12个时辰;第二层十二个檐,代表一年有12个月;第三层的24个檐则代表一年24个节气。能将中国传统的天文历法文化融入其中,是它的最神奇之处了。遗憾的是在1884年的夏天也就是清光绪十年,它被雷火击毁了。最后一座就是现在的黄鹤楼了,它以清代黄鹤楼为基本,于1984年重修,既不失

黄鹤楼传统的独特造型，又比历代的楼更加雄伟壮观。

这段导游词的语言表达层次分明。按照历史朝代顺序，首先介绍了唐朝黄鹤楼的特点，再介绍宋代黄鹤楼的特点，然后是元代、清代，最后到现代黄鹤楼。由此可见这位导游人员对此景点介绍时思路清晰，具有很强的逻辑思维。

（二）重点突出

如果导游员讲解模糊，没有突出重点，游览结束后，肯定不会给游客留下深刻的印象。导游员讲解时应有的放矢，做到轻重搭配、详略得当、重点突出。具体来说，应该针对景点和游客两个方面突出重点。

1. 针对景点

（1）突出代表性

对游览大的景点，导游员必须做好周密的计划，确定重点景观。这些景观既要有自己的特征，又能概括全貌。到现场游览时，导游员主要讲解这些具有代表性的景观。

（2）突出与众不同之处

同为佛教寺院，其历史、宗派、规模、结构、建筑艺术、供奉的佛像各不相同，导游员在讲解时应突出介绍其与众不同之处，以有效地吸引游客的注意力，避免产生雷同的感觉。

（3）突出"……之最"

面对某一景点，导游员可根据实际情况介绍这是世界（中国、某省、某市、某地）最大（最长、最古老、最高、最小）的……例如介绍洛阳的白马寺是中国最早的佛教寺院等。有时第二、第三也值得一提，如长江是世界第三大河……但一定要注意划定"之最"的范围，千万不能弄巧成拙。有时范围划定不同，比较的结果也不一样。如云南的抚仙湖是云南省第一深水湖，也是中国第二深水湖。

2. 针对游客

导游员在导游服务中要注意游客的职业和文化层次，以便在游览时重点讲解旅游团内大多数成员感兴趣的内容。投其所好的讲解方法往往能产生良好的效果。

案例分析

例如游览故宫时，针对不同游客群体的介绍重点不同

面对以建筑业人士为主的旅游团，导游员除一般介绍故宫的概况外，要突出讲解中国古代宫殿建筑的布局、特征，故宫的主要建筑及其建筑艺术，还应介绍重点建筑物和装饰物的象征意义等。如果还能将中国的宫殿建筑与民间建筑进行比较，将中国的宫殿与西方宫殿的建筑艺术进行比较，导游讲解的层次就大大提高，就更能吸引人。

面对以历史学家为主的旅游团，导游员应更多地讲解故宫的历史沿革及在中国历史上的地位和作用，还有在故宫中发生的重大事件。

（三）语言通俗易懂

导游讲解的内容主要靠口语来传达，口语声过即逝，游客不可能像看书面文字那样反复阅读，当时听得清楚、听得明白才能理解。所以要根据口语"有声性"的特点，采用浅白易懂的口语化讲解。导游的解说词多来源于书面语，在讲解中要把它变成口语语言。

1. 改书面词语为通俗词语

即根据口头语言表达习惯，将书面词语改成通俗易懂的词语，让旅游者听起来更清楚、明白。

 案例分析

如介绍包公祠时，这样说："包公祠坐落在古城开封的西南隅"，其中的"隅"字，现在在口语中已基本不用，应该用"角"这个大家都明白的字来讲解。

2. 改长句子为短句子

口语化的句子一般都较短小，虽然也有长句子，但一般要在中间拉开距离，分出几个小句子来。句子太长会造成理解上的困难。

 案例分析

如：这里有一片美丽的湖泊，叫包公湖，相传一千年前宋代管理京城的开封府就被埋在湖面九米以下。为纪念中国历史上的著名清官包拯而建的包公祠就位于包公湖畔。

改为口头语：

这里有一片美丽的湖泊，叫包公湖。开封府就被埋在湖面以下，深达九米，它是一千年前宋代管理京城的机构。为纪念中国历史上的著名清官包拯，我们修建了包公祠，就坐落在包公湖畔。

三、导游语言要生动

生动、形象是导游语言美之所在,是导游语言的艺术性和趣味性的具体体现。要求导游人员在导游讲解时力争做到:

(一)使用形象化的语言

导游在讲解时恰当地使用比喻,不仅能使旅游者易于理解并且能产生亲切感。听导游讲解对旅游者来说应该是一种美的享受,所以讲解时应注意多用褒义的比喻和旅游者熟悉的人和事物。

(二)语言生动、流畅

这是对导游语言最基本的要求,因为流畅、通顺的语言才能达意。导游人员为了使自己的语言达到生动、流畅应苦练语言基本功,上团前做好充分准备,掌握资料,熟悉各种知识但又不能"死背书本",要将掌握的知识口语化,句子宜短不宜长,不要过多地使用形容词,不要东拼西凑,内容要有整体性和连贯性。

(三)注意趣味性

要想在旅游中让旅游者有浓厚的兴趣,导游员的语言应注意趣味性。导游语言应使游客感到轻松愉快、妙趣横生。因此,导游员要努力使情景与语言交融,激发旅游者浓厚的游兴。增加导游语言趣味性的技巧有很多,主要有修辞、逻辑和表达三方面的技巧。常见的修辞技巧,主要有顺口溜、异语、异称、双关、拟声等。

视野拓展

导游顺口溜:山字篇

中华多山,最有奇观;春夏秋冬,万般变幻:

飞雪长白山,避暑往庐山;

日出数泰山,晚霞岳麓山;

奇秀峨眉山,奇险数华山;

道场武当山,寺群五台山;

水中普陀山,谜地虎丘山;

少林卧嵩山,伟人出韶山;

探宝祁连山,丹霞武夷山;

云海恋黄山,红叶赏香山;

世界最高点,喜马拉雅山。

（四）恰当比喻

恰当的比喻会让人感到亲切，对导游的讲解也更容易理解。

 案例分析

例如导游员介绍湖北省博物馆馆藏出土文物鉴缶

游客朋友们请看，这套国宝级文物鉴缶，是由方鉴和方尊缶组成。尊是酒器，鉴是水器。古人将冬天窖藏的冰放于鉴内，再将盛酒的尊缶放置其中，这样一组合，就如同一个现代化的冰箱一样，起到制冷冰酒的作用。因此，即便是在炎炎夏日，也可以喝到冰爽宜人的美酒，我们的古人是不是很聪明呢！

该导游员在介绍出土文物时，将鉴缶比作现代化的冰箱，游客便很好地理解了它的功能和原理。

（五）幽默风趣

幽默风趣的语言如果运用得当，能活跃气氛、提高游兴，还能使旅游者回味无穷，有时还可以缓解和摆脱尴尬局面。运用不当就会使旅游者感到导游语言俗气、品位不高、耍贫嘴甚至趣味低级。要避免多用滥用，不能伤害旅游者的自尊心，更不能针对国家政治或宗教信仰等方面的严肃问题。

案例分析

在苏州西园寺的五百罗汉堂里，导游人员指着那尊"疯僧"塑像逗趣说："朋友们，这个疯和尚有个雅号叫'九不全'，就是说，有九样毛病：歪嘴、驼背、斗鸡眼、招风耳朵、瘌痢头、烧脚、鸡胸、斜肩脚，外加一个歪鼻头。大家别看他相貌不完美，但残而不丑，从正面、左面、右面看，你会找到喜、怒、哀、乐等多种感觉……另外，那边还有五百罗汉，大家不妨去找找看，也许能发现酷似自己的'光辉形象'。"

风趣的话，逗得游客乐此不疲，游兴顿增。导游员以幽默的口吻对"疯僧"塑像进行逗趣讲解，让游客印象深刻。

（六）表情、动作的有机配合

运用导游语言时应注意声音的高低要随内容的需要而变化，节奏要分明；口头语言要与手势、姿态、表情巧妙地结合，使旅游者感到导游人员的讲解声情并茂，颇具艺术性。

 **案例分析**

在景色如画的苏州西湖洞庭山的石公山上,一位导游员对游客描绘说:"朋友们,我们现在身在仙山妙境,请看,我们的背后是一片葱翠的丛林,面前是无边无垠的太湖。青山绕着湖水,湖水映着青山。山石伸进了湖面,湖水'咬'住了山石。头上有山,脚下有水。真是天外有天,山外有山,岛中有岛,湖中有湖,山如青龙伏水,水似碧海浮动。"接着,他跌宕有致地吟道:"茫茫三千顷,日夜浩青葱。骨立风云外,孤撑涛声中。"

这位导游员情景交融的描绘,使游客就像在观看彩色宽幅风景影片的同时,又听着优美的画外音。运用具体、形象、富有文采的语言对眼前的景观进行描绘,使其细微的特点显现于游客眼前。在旅游过程中,有些景观没有导游人员的讲解和指点,很难发现其美的所在和唤起美的感受。而经过导游人员一番画龙点睛或浓墨重彩的描绘之后,感受就大不一样。

(七)互动式讲解

导游语言的生动性要求导游人员要随时注意游客的反应,采取互动式讲解,如问答式讲解、聊天式讲解等。譬如在旅途中,导游员可以调动游客聊天,这种互动式的讲解不但活跃气氛,让游客更多地参与,而且减轻导游员的讲解负担,但却比导游长时间单独讲解收到更好的效果。互动式讲解中,导游向客人聊的内容繁多复杂,涉及的知识面非常广,需要在平时注意积累、准备,以求出色表现。

 **特别提示**

互动式讲解中"聊天"应注意的问题

1.忌牛皮吹破天、轻浮、太过不拘。导游人员与客人聊天时应有一颗平等的心态,可以与客人开玩笑,但不能过多,要注意客人的反应,出言不要太过轻浮,以免无意伤害某些客人。牛皮不要吹得太多,让人无法信服你,影响你在客人心目中的地位。

2.随机应变。聊天的话题是多种多样的,关键还在于客人的兴趣,导游人员从中引导,主持客人的聊天活动,灵活多变,不拘泥于某些话题,尽可能做到让客人感到开心而不无聊,又能吸收到必要的旅游常识。

3.不要过多单独和一两个客人聊天。这样的话,其他客人可能会觉得导游偏心,工作不周全,特别是散客拼团,这种可能性会更大。

四、导游语言要灵活

灵活,即根据不同的对象和时空条件进行导游讲解,注意因人而异、因地制宜。根据这一原则,在讲解中,导游人员要灵活使用语言,使特定景点的讲解适应不同游客的文化修养和审美情趣,满足他们不同层次的审美需求。导游人员要灵活安排讲解内容,使其深浅恰当、雅俗相宜,努力让每一位游客都能获得美的享受。

要达到这一要求,导游人员首先要尽快了解旅游者的背景材料,如年龄、职业、爱好、宗教信仰等;同时还要了解客源地的知识,然后作出正确的判断,最后选择适当的方法调整讲解的内容。切忌"千人一辞""千团一辞",死记硬背式的呆板的语言不仅使旅游者产生厌烦情绪而游兴大减,导游人员自己也会犹如嚼蜡。只要导游人员思想重视、潜心钻研,在导游实践中不断积累经验,驾驭语言的技能一定会很快提高并从中感到无穷的乐趣。

 案例分析

在参观乾陵壁画时,导游指着侍女壁画对日本客人说:"中国盛唐时期美女的特征和在日本高松家古坟里发现的壁画非常相似。"到此的日本客人仔细一看,发现的确如此,经过对比,从而对乾陵壁画有了具体的了解。

在游览西安半坡文化村时,导游员加上这么一句话:"半坡人的生活在很大程度上和当今美国居住在'保留地'的印第安人的生活习性很相似。"这样讲解,美国客人就会恍然大悟。

在讲解北京故宫的建造时间时,对外国游客如果只说"它始建于明代永乐四年,也就是公元1406年",他们并不会有多少印象,一下子也难以感到北京故宫历史的悠久。如果采用类比式,对美国游客说:"故宫在哥伦布发现新大陆七十年之前就已建成";对英国游客说:"故宫的建造时间是在莎士比亚诞生之前的一百四十年。"这样一比较,他们就能更好地感受到故宫的悠久历史。

由于地理的、历史的、民族的、文化的以及宗教信仰的差异性,导游员要把每个游览点解释得使游客容易理解,一听就明白,并不是易事。因此,导游人员有时对外团可采用类比的手法,对不同团队灵活使用不同的讲解方法。

本章关键词

导游语言　特点　运用原则

课后练习

一、填空题

1. 导游语言，从狭义的角度看，是导游员对游客进行_____、_____、交流思想和沟通情感时使用的一种富有丰富表达力、生动形象的_____。

2. 导游语言的逻辑性，即要符合_____的规律，要保持连贯性；同时语言表达要有次序，导游人员应当根据思维逻辑，将要讲的内容分清前后次序，使之_____、_____、_____。

3. 从语言的表现形式上，导游语言可分为_____、_____、书面语言和副语言。

4. _____作为导游语言，主要表现为旅游宣传资料的文字内容，可以帮助游客了解游览目的地的概况，进一步理解和记忆导游讲解的内容，更可作为一种日后回忆的资料。

二、单选题

1. _____是以人的姿态、表情和动作等来表示一定语义和进行信息传递的无声语言。（　　）

   A. 口头语言　　B. 态势语言　　C. 副语言　　D. 书面语言

2. 导游员在讲解佛教寺院时，根据其历史、宗派、规模、结构、建筑艺术、供奉的佛像各不相同，在讲解时突出介绍其与众不同之处，以有效地吸引游客的注意力，避免产生雷同的感觉。这说明导游讲解注意（　　）。

   A. 重点突出　　B. 思路清晰　　C. 风趣幽默　　D. 交代清楚

3. 导游员用有活力的语言打动人心，引起旅游者的共鸣。这属于导游语言的（　　）。

   A. 准确性　　B. 逻辑性　　C. 生动性　　D. 灵活性

三、多选题

1. 导游语言的特点有（　　）。

   A. 准确性　　B. 逻辑性　　C. 生动性　　D. 灵活性　　E. 美感性

2. 导游语言要正确，应当注意以下方面（　　）。

   A. 语音、语调、语法正确　　　　B. 内容正确
   C. 观点正确　　　　　　　　　　D. 正确使用成语、名人名言

四、名词解释
1. 导游
2. 导游语言

五、简答题
1. 导游语言的特点有哪些？
2. 导游语言的作用有哪些？
3. 导游语言应注意怎样的运用原则？

第二章 导游词写作

> **本章概览**

众所周知,导游人员所使用的导游语言在大多数情况下是一种口头语言,但这并不意味着导游语言就是信口拈来。导游员的口头语言是以一定的书面语言为基础的,这就是导游词。本章节主要从四个方面进行讲解,以便让我们了解导游词的写作。

第一节 导游词概述

导游词是将导游语言书面化,它与口头导游语言一样,就是向旅游者提供旅游信息,帮助其顺利完成旅游活动,获取旅游最大满足感。

一、导游词种类

(一)景点说明词

景点说明词是在旅游景点中使用的、以说明文体简单介绍景点基本情况的一种导游词。在很多旅游景点,为了使旅游者了解该景点基本情况,景点管理部门以图版、碑刻、附文等形式编撰景点说明词。

1. 内容客观

景点说明词只对景点进行客观的基本情况介绍,既不抒情,也不议论,更不夸张。景点说明词中一般不带任何感情色彩,显得客观实在。

2. 文字简练

景点说明词所使用的文字一般简练、质朴,没有很多的华丽辞藻进行描绘,但比较注重科学性,力求表达准确,常运用一些专有名词或科学术语进行说明,专业性较强。

3. 目的明确

景点说明词的作用只是让游客了解此为何地、此为何物，目的十分单纯，因此无须详细展开介绍，只要对景点进行提纲挈领的提示即可。

（二）书籍介绍词

书籍介绍词是以散文体详细介绍旅游景点的主要情况及相关知识的一种书面导游词。书籍介绍词常出现在有关景点的介绍资料之中，其信息容量要大于景点说明词，大多数旅游指南、旅游报刊和音像资料上的导游词都属于书籍介绍词。

 案例分析

黄鹤楼

黄鹤楼是蜚声中外的历史名胜，与湖南岳阳楼、江西滕王阁、山东蓬莱阁合称中国四大名楼，号称"天下江山第一楼"。它雄踞长江之滨、蛇山之首，背倚万户林立的武昌城，面临汹涌浩荡的扬子江，相对古雅清俊晴川阁，刚好位于长江和京广线的交叉处，即东西水路与南北陆路的交汇点上。历代名士如崔颢、李白、白居易、贾岛、陆游、杨慎、张居正等都先后到这里游乐，吟诗作赋，留下不少脍炙人口的诗篇。唐代诗人崔颢的"昔人已乘黄鹤去，此地空余黄鹤楼"更使黄鹤楼名声大噪。

黄鹤楼相传始建于三国时期，历代屡毁屡建，现楼为1981年重建，以清代"同治楼"为原型设计。楼址仍在蛇山头。主楼高49米，共5层，攒尖顶，层层飞檐，四望如一。从楼的纵向看各层排檐与楼名直接有关，形如黄鹤，展翅欲飞。整座楼雄浑之中又不失精巧，富于变化的韵味和美感。底层外檐柱对径为30米，中部大厅正面墙上设大片浮雕，表现历代有关黄鹤楼的神话传说；三层设夹层回廊，陈列有关诗词书画；二、三、四层外有四面回廊，可供游人远眺；五层为瞭望厅，可在此观赏大江景色。楼外铸铜黄鹤造型、胜像宝塔、牌坊、轩廊、亭阁等一批辅助建筑，将主楼烘托得更加壮丽。登上黄鹤楼，武汉三镇的旖旎风光历历在目，辽阔神州的锦绣山河也遥遥在望。由于这独特的地理位置，以及前人流传至今的诗词、文赋、楹联、匾额、摩崖石刻和民间故事，使黄鹤楼成为山川与人文景观相互倚重的文化名楼。

 案例分析

红安红色旅游

跟大家介绍了这么多，大家对武汉市的红色景点都有一些了解了吧。现在跟大家提个问题，你们知道"黄安"是哪吗？提醒一下大家，它是一片古老而神奇的土地，爆发过著名的"黄麻起义"，诞生了一位共产党的创始人，走出了两任共和国主席，组建了3支红军主力部队，造就了200多位能征善战的将军。它是哪里呢？

对！它就是红安。原名黄安。

那么大家知道为什么它改名叫红安吗？因为在这里，为了中国革命的胜利，红安有14万英雄儿女献出了宝贵的生命，在中国工农红军的队伍中，每三名红军战士就有一名红安人，每牺牲的四名英烈中就有一名属于红安籍。"小小黄安，人人好汉；铜锣一响，四十八万；男将打仗，女将送饭。"这首脍炙人口的革命歌谣，就是当年红安儿女为了中国革命的胜利，前仆后继、不怕流血牺牲的真实写照。这里的村村寨寨，都留下过红军的足迹；这里的一草一木，都浸透过战士的鲜血；这里的山山水水，都包裹着先烈的忠骨……在历次革命中，她为新中国的诞生奉献出无数优秀儿女，作出了杰出的贡献。所以，共和国以最能代表自身特征的色彩赋予它崭新的名字——红安，从此她拥有了和党旗、军旗、国旗一样的颜色。

红安是黄麻起义的策源地和鄂豫皖革命根据地的摇篮。

由以上案例我们可以得出书籍介绍词有以下几点要求：

1. 语言文雅

书籍介绍词注重对景点的描绘，运用了很多形象化、艺术化的语言，在遣词造句上十分讲究。书籍介绍词中比喻、排比、夸张等修辞手法被大量运用，使得通篇文章显得更加有文采。

2. 情景交融

书籍介绍词对于旅游景点不仅仅停留在景观客观属性的介绍上，还加入了比较多的主观感情色彩，议论、抒情等内容比重颇大。其语言生动、华丽，有相当强的可读性，能给人以极佳的感官与精神双重享受，甚至能启人智慧、催人反思。

3. 内涵丰富

书籍介绍词在直接介绍景点之外，还加入了相当多的背景资料内容，引用了大量的名人名言或诗文佳作，使得读者能够从中得到更多的超出景点本身内涵的知识收获。

（三）讲解底稿

讲解底稿是导游员对游客进行口头讲解之前准备的文字稿件，是书面导游语言中可操作性最强、使用频率最高的一种，也是人们习惯所称的导游词。大部分导游员在开展口头讲解工作前，都会搜集大量的资料，进行讲解底稿的写作，在此基础上开展实地导游讲解工作。

 **案例分析**

湖北省博物院

下面我们要参观的是曾侯乙墓出土文物中最著名的曾侯乙编钟，编钟就是这种成组成套的青铜钟，因大小不同，敲击发出的声音也不同，从而能达到演奏的目的。早在5000多年前，编钟的雏形就已经出现了；到了商朝中期，由3件或5件青铜钟组成的编钟开始出现了；到了春秋战国时期，编钟达到了它的鼎盛时期，曾侯乙编钟就是它鼎盛时期的经典之作。它全套64件，加上楚惠王送的那一件，共65件，分成3层、8组，最大的一件高1.5米，重203.6公斤；最小的一件高15厘米，重2.4公斤，所有编钟总重达2500公斤，加上外架、铜套、铜立柱、铜人、铜座，这一套编钟总重达5000公斤。虽然它十分庞大，但可以拆开来，而且拆装十分方便。它有8件演奏器具，包括6个"T"形小木槌，由三人各持一对，分别负责敲击中层的甬钟和上层的钮钟，主奏旋律；还有两只大木槌，由两人各持一只，负责敲击下层的大甬钟，烘托气氛。编钟不同于一般寺庙里或教堂里的钟，寺庙或教堂里的钟是圆口钟，发出的声音余音很长，不适合用于演奏；而编钟在外形上像两片瓦合在一起，所以又叫合瓦钟，这种钟的特点是通过敲击，能发出两种不同音高的声音。举一个例子，如果敲击钟的正面发出DO的音，那么敲击钟的侧面，就会发出MI的音，而且它能加快余音的衰减，所以没有什么余音，很适合演奏。通过检测，这套编钟有七声音阶，能演奏古今中外绝大多数乐曲。过去有人认为中国先秦没有七声音阶，也有人认为七声音阶是从西方传进来的，曾侯乙编钟的出土打破了这些假设。

讲解底稿的要求有：

1. 紧密联系景点

讲解底稿由于是直接供导游员在旅游景点实地进行讲解时所需的，因此必须与景点紧密联系，不脱离景点的景观实情、游览路线和观赏方式。讲解底稿中的每一部分内容都应是游客能看到或能感受到的，使导游员在表达时不致出现游客无景可观、无物可赏的情况。

2. 周密计划

讲解底稿实际上就是导游讲解的实施方案，体现出导游讲解的计划性与针对性。讲解底稿中的内容组织、结构体系、详略安排都视具体的讲解主体、讲解对象、讲解目标而定，既注重结合导游员的表达能力，又考虑到游客的接受能力。

3. 口语化

讲解底稿中所使用的语言是非常口语化的语言，朗朗上口，易于理解和记忆。一般说来，讲解底稿中很少出现过于专业化的名词和过于文雅化的语句，而更多地代之以通俗易懂的词汇和语句。

4. 辅助内容多

由于导游员在实地进行讲解时所需要使用许多形体语言（如手势、表情等）和多种讲解方法（如问答法等），在讲解底稿中安排了相应的辅助内容。在讲解底稿中，经常可见的"请大家抬头看……"，"我们接下来就要进入……"，"请问有哪位朋友知道……"，"要提醒各位朋友注意的是……"等等语句，就是属于辅助内容。

在实际工作中，讲解底稿是使用得最多的一种书面导游语言，与导游员的工作联系也最为密切。本章中对书面导游语言的探讨将主要围绕讲解底稿来进行。

二、导游词的作用

（一）有利于掌握讲解内容

导游员进行讲解时需要向游客传递大量的信息，这是导游工作的复杂性所决定的。这些信息的来源多种多样，往往散布于各种专业资料、图片画册之中，需要经过专门的整理才便于导游员在实地讲解时使用。导游词能够将各种零散的讲解内容集中到一定的篇幅之中，使导游员可以高效率地在很短的时间内强化掌握。另外，导游讲解的内容十分庞杂，尤其是关于年代、面积、数量、规格等数据化信息非常多。对于这些数据化信息，虽然导游员可以依靠自己的头脑进行短时间记忆，但印象不深，容易记了就忘。要实现长时记忆，导游员就必须借助于一定的辅助手段。导游词就是让导游员能够通过反复的撰写和背诵，使头脑中留下的短时记忆不断得到加强，从而形成长时记忆。

（二）有利于设计讲解方法

现场导游讲解需要多种讲解方法相结合，才能让游客得到最大程度上的审美享受和知识获取，单纯的平铺直叙是不能给游客留下美好印象的。什么时候应该让游客自己品味，什么时候应该向游客提问，什么时候应该制造悬念，这些问题都是导游员在讲解景点时必须考虑的。导游员固然可以利用自己的应变能力来临时调整导游讲解的方式、方法，不过往往会显得比较仓促，有时甚至出现适得其反的效果。如应该停顿的时候过于啰唆，提的问题过于简单等等。而事先撰写导游词，可以提前对讲解情况进行预测，恰当地安排各种讲解方法，从而为顺利开展实地讲解奠定基础。

（三）有利于积累经验、教训

导游员毕竟不是天才，不可能天生就是个好导游，也不可能次次讲解都十全十美。经验教训的积累对于导游员改进工作水准、提高服务质量非常重要。在实际工作中，导游员基本上 24 小时都处于紧张状态，很难抽出时间与精力来仔细总结每次讲解的得失利弊。而在带团结束后，导游员又要立即开展报账、总结等善后工作，并迅速缓解身体疲劳，为下次带团做准备。在这种高节奏的工作状态之下，导游员很难及时总结遇到的经验教训，往往是得过且过，结果错误屡犯屡改。在有导游词的情况之下，导游员的总结工作可以随时进行，根据每次讲解的情况及时调整修改。

（四）有利于更新讲解内容

旅游业的发展速度极快，旅游景点的知识变化也非常频繁。尤其是一些都市内的风景名胜、展览场馆，经常要进行维修、调整。客观情况要求导游讲解的内容也必须经常更新。同导游员直接根据所见所闻来更新讲解内容相比较，更新导游词的难度略低，并且可以前后衔接，更加准确全面地表现出景点的历史变迁。

三、导游词的写作程序

不同的导游员写作导游词的方式各异，不必强求一致。但综合来看，导游词作为一种口头表达的文字基础，其写作有一定的规律可循，这就是导游词的一般写作程序。简单说来，导游词的写作可以分为四个步骤：搜集景点资料、分析景点特征、开展文字创作和实地检验成果。

（一）搜集景点资料

要写出一篇能够完整地介绍旅游景点各方面情况的导游词，前期的资料搜集工作必不可少。导游员在开始写作之前，应该先通过各种渠道获取大量的景点资料，为后期的写作奠定材料基础。

1. 景点资料范围

任何一个旅游景点包括的内容都可能是蔚为大观的，但并不见得每一方面的内容都是导游员必须向游客介绍的，因此导游员在写作导游词之前搜集的资料要有一定的选择性，选取恰当的资料来为写作做准备。

（1）景点直观属性资料

景点直观属性资料指的是旅游景点的地域、范围、规模、结构、色彩、音响等方面的资料。这些是旅游景点对旅游者产生的直接感官刺激，也往往是导游词中最基本的内容。

（2）景点文化内涵资料

景点文化内涵资料指的是旅游景点的历史沿革、景观类型、形成原因、相关人物与典故等方面的资料。这些资料能够给旅游者以无法从感官上直接获得的信息，增加旅游景点的吸引力。

（3）景点背景知识资料

景点背景知识资料指的是旅游景点所包含的思想意识、美感特色、人文风情等方面的资料。导游词中如果能够将这些资料融入对景点直观属性和文化内涵的介绍之中，就可以大大提高导游词的质量。这是高水准导游词的点睛之笔，也是一篇出类拔萃的导游词与一篇勉强合格的导游词最关键的区别所在。

（4）景点相关知识资料

景点相关知识资料指的是与旅游景点相关的科学概念、专业理论、名人名言等。这些资料并非所有旅游者都愿意接受或能够接受，搜集这些资料的目的是为了迎合一部分高素质旅游者的需求，在写作导游词时斟酌使用。

2. 景点资料搜集途径

搜集景点资料的途径是多种多样的。一般说来，从已有的景点说明词和书籍介绍词中搜集无疑是最为有效的一条途径，但这种途径也有其弊端：一是时效性较差，任何景点说明词和书籍介绍词从写作到出版（公示）都有一定的时间间隔，在此期间景点的实际情况可能已经发生了变化；二是不够详细具体，如前文所述，景点说明词和书籍介绍词囿于版面所限都存在一定的知识遗漏；三是有关新开发景点和冷门景点的景点说明词和书籍介绍词信息十分有限。这就要求导游员另辟蹊径去搜集景点资料。

从实践工作看来，向有关专家、当地居民和同行们咨询也是一种很可靠的景点资料搜集途径。这些人员或出于专业研究，或由于长期居住，或基于工作需要，都会积累相当丰富的景点资料，导游员向他们请教，可以很好地弥补景点说明词和书籍介绍词中的不足，加大写作时的可选择性。

（二）分析景点特征

导游词并不仅仅是大量资料的堆积与罗列，它有其自身的规律和体系。导游员要将已获得的资料进行归纳分检，根据自己的导游风格和接待的服务对象进行分析归类，找出景点的特征和美感，确定导游词中的重点与亮点。在进行分析时，一定要遵循3个原则。

1. 客观原则

景点特征是一种客观存在，不能随意臆造和过分夸大，否则在写作导游词时就会漏洞百出，将之用于讲解也会贻笑大方。

2. 实用原则

分析景点特征是为了写作导游词时能够更好地安排内容结构和详略体例，因此必须合理、实用。符合实用原则的景点特征应该是合乎逻辑而且能够自然表述的。最后确定的景点特征不能过多，否则就会导致写作导游词时详略失当、烦琐冗长。

3. 可接受原则

除了极少数专业考察旅游者以外，大多数旅游者并不是专业研究人员，对过于艰深和复杂的东西很容易产生枯燥感和反感情绪。所以我们分析出的景点特征应该是接近日常生活的、易于让普通游客接受的。即使是部分景点的特征确实过于专业化，也应该充分考虑到能否以平常、通俗的语言和类比法解释出来，否则宁可忍痛割爱也不要曲高和寡。

（三）开展文字创作

分析出景点的特征之后，就可以以之为核心开始写作了。开展文字创作是导游词写作中的中心步骤，关系到最后成文的质量如何。写作导游词时必须确定选用哪些搜集来的资料和如何使用，必须确定文章的中心思想和主题内容，必须注意各部分内容之间的衔接和过渡，必须考虑到如何便于口头表达。

（四）实地检验成果

创作出导游词后，还只是一种闭门造车的行为，并没有得到实践工作的检验。为了避免这种导游词无法在带团讲解时实施，导游员应该尽可能创造机会先行前往实地进行考察，并对照已完成的导游词进行模拟演练。实地考察对于导游词创作十分必要，其原因在于：

1. 旅游景点情况千变万化

在导游词的写作期间，景点可能发生新的变化，原来搜集到的资料可能更新或淘汰。通过实地考察，导游员可以发现在写作之后景点已经发生的变化，从而及时地对导游词进行修改和补充。

2. 预测游客反应

在实地考察时，导游词写作者没有带团工作压力，可以比较放松地进行观察。这就类似于游客在实地旅游时的心态。当导游员以类似游客观赏的心态进行考察时，就能够以游客的眼光来看待旅游景点和导游词，从而预测出游客在倾听了自己的导游讲解之后可能产生的反应。根据预测的游客反应，导游员可以对导游词作进一步的修改，使之更符合现场情况。

3. 了解游览线路与时间

导游员通过实地考察，可以掌握大致的游览线路与时间，将其与成稿的导游词相比较，就可以看出自己的详略比重安排是否得当、内容顺序是否正确。

经过实地检验的导游词基本上就可以作为一份合格的书面导游语言"出炉"了。在实际使用中，导游词撰写者必须密切注意各方情况的变化，不断修改、完善导游词，从而使导游词能够与时俱进，真正做到物尽其用。

第二节 欢迎词

在导游员的导游服务工作开始前，首先必须向游客致欢迎词。一般来说，无论是领队、全陪、地陪还是定点讲解员，在工作开始前与游客都是陌生人。在从陌生人到伴游朋友的过程中，导游员必须想方设法让游客从认知和情感上都理解自己和接受自己，才能顺利地开展导游工作。游客在认知上对导游员的认同可以通过导游员在生活、引导等方面的工作来实现，而在情感上的认同则需要导游员全方位地展示自己。在导游语言方面，这种情感认同首先是通过导游员以热情洋溢、亲切友好的欢迎词来实现的。因此欢迎词的写作是导游员写作书面导游语言的一个重点内容。

一、欢迎词的特点

欢迎词是指导游员在迎接游客到来时的致辞。欢迎词虽然不是导游讲解的重点，但由于这是导游员第一次直接面向游客说话，是第一次的语言服务，因而往往会给游客留下很深的第一印象（First Impression），甚至会左右游客对导游讲解服务的最终评价。

欢迎词不同于一般的导游词，具有自己的特点。

（一）内容简洁

在导游员的工作程序中，一般是在游客已经在旅游车上入座、即将出发前往下榻地或旅游景点时向游客致欢迎词。此时游客可能会出现两种状态：其一是游客刚刚抵达旅游地，精神上比较亢奋，希望马上了解旅游地的情况；其二是游客经过长途旅行，身体比较疲惫，希望能够在车行途中稍事休息。无论是哪一种情况，游客虽然对导游员存在一定的新鲜感，但都不会将导游员作为主要的欣赏对象。因此，导游员致欢迎词时间不能太长，以免让游客生厌。鉴于上述原因，欢迎词往往内容比较简洁，话不多说，点到为止，只要能够让游客体会到自己的欢迎之情就可以了。一般来说，欢迎词的时间要控制在 5 分钟左右。

（二）热情、亲切

在致欢迎词前，导游员的身份尚未得到游客的认同，双方还是一种陌生人之间的关系。为便于以后工作的开展，导游员必须尽快与游客互相熟络起来，让游客将导游员视为自己的一个伴游朋友。在欢迎词中，要达到这样的效果，导游员必须热情、亲切，以"好客的主人"的形象对游客的光临表示欢迎，迅速拉近导游员与游客之间的情感距离。

不同的导游员会有各自不同的导游风格，或任劳任怨，或细心谨慎，或幽默风趣，或知识渊博等等。众口难调，导游风格固然应当百花齐放，但在欢迎词方面，考虑到游客的心理需求，相对是比较统一的，也就是以热情、亲切为欢迎词的主要风格。

（三）语言自然

尽管事先可能有心理准备，但游客仍然不免会对突然来致辞的导游员存在一定的突兀感。因此，欢迎词要以自然的语言、缓和的语调、随意的口吻来消除游客的突兀感觉。

（四）针对性强

很多欢迎词中，经常会结合游客的特征或者旅游地的具体情况来展开，这便是欢迎词针对性强的特点。这样的欢迎词更易于让游客接受，而且使旅游者间接地获取旅游地的有关信息，缓解了其可能存在的不满心理。

从语言艺术的角度，欢迎词可以分为3种主要类型：风趣式，闲谈式和感慨式。无论哪种类型的欢迎词，都体现出以上所提及的4个主要特点，产生很好的表达效果。

 **案例分析**

风趣式欢迎词

各位早上好！我叫×××，是××旅行社的导游员，十分荣幸能为各位服务！各位大多都是医生吧？医生是人间最为美好的职业，我一出生就对医生有种特别的感情——因为我是难产儿，多亏了医生我才得以"死里逃生"（游客笑）。长大以后，虽然没有考上医学院，但医院每年都要去好几次。我这人特别容易感冒，医生当不了，当病人却十分合格，真没有办法（游客笑）……我们这次在岳阳的旅游行程非常充实，如果有时间，我还想请大家参观一个特别节目，就是看看我为什么容易感冒（游客大笑）。谢谢！

 案例分析

闲谈式欢迎词

各位武汉的朋友早上好！昨天晚上大家坐了三十几个小时的火车来到我们云南，一定很累吧？的确，我们云南省地处中国西南的边陲，交通事业目前还不十分发达，与九省通衢的武汉相比有很大差距。如果乘坐武汉的高铁，也许只要五六个小时就能够抵达本地了。我代表××市××万人民和××旅行社全体员工，对各位的到来表示衷心的欢迎！我叫×××，中国有句古话：有朋自远方来，不亦乐乎。此次能为大家导游，我感到由衷的高兴……（游客鼓掌）

以上这两篇欢迎词，都是属于欢迎词中的上乘之选。它们内容并非十分复杂，紧紧围绕着一个鲜明的主题，以通俗易懂的语言，亲切自然地表达了对游客的欢迎之情，让游客获得了情感上的满足。

二、欢迎词的基本要素

欢迎词的作用主要是让游客了解导游员，体会导游员的欢迎之情。能够达到这一效果的方式和内容有很多，但在各种条件限制之下，导游员只能选择其中最恰当的内容来表达。这些内容就是欢迎词的基本要素。欢迎词的基本要素主要包括5个部分：欢迎光临、自我介绍、介绍工作伙伴、表达服务意愿和祝福。

（一）欢迎光临

在欢迎词的开头部分，导游员必须问候客人，并对游客的光临表示欢迎。

在欢迎游客时要注意对游客的称呼。一般来说，"各位朋友（团友）"这样的称呼是内宾游客们比较乐于接受的，而来自欧美和东南亚地区的游客们普遍比较喜欢导游员称呼他们为"女士们、先生们"，对于来自东亚地区的游客则可以用"先生们、小姐们"的称呼。

导游员是接受旅行社的委派来接待旅游者的，因此导游员必须以旅行社代表的身份来欢迎游客。在欢迎词中，导游员必须说明聘用自己的旅行社名称，代表旅行社表示热烈欢迎之意。

（二）自我介绍

自我介绍是欢迎词的重点内容之一，也是导游员可以在欢迎词中充分发挥主观能动性的一个部分，导游员要根据自己的姓名含义、性格特征和游客背景，合理地设计对自己的介绍内容。自我介绍通常要向游客说明自己的姓名、身份和单位。一篇优秀的欢迎词即使做不到让客人津津乐道，至少要能够使客人记住如何称呼导游员，因此在自我介绍中还必须告诉游客如何称呼自己，如"我的名字叫×××，大家可以叫我小×"，"我姓×，各位就叫我×导吧"，"My name is ×××，You can call me ×××"等。

为了便于游客记忆，很多导游员都会在自己的姓名上大做文章。湖北荆州的一位导游员将自己的名字巧妙地融合成了一道菜名"香葱蛋花香"（汤香花），使游客们过耳不忘；江苏南京的一位导游员给自己取了个英文名字"Spring"，游客们在回国后写来的感谢信中仍然念念不忘她给游客们带来的"如沐春风的感觉";湖南长沙一位导游员在接待古汉语学者团时引用东汉许慎《说文解字》的解释来介绍自己的名字,让游客们频频称道。这些都是成功的自我介绍例子。但要注意,不可介绍自己过多过长,否则会喧宾夺主,扭曲了欢迎词的本意,游客产生的记忆效果也不佳。

(三)介绍工作伙伴

介绍了自己后,欢迎词中必须紧接着介绍自己的工作伙伴。通常需要向游客介绍的工作伙伴有全陪(或地陪)、司机和旅行社领导。在不同的情况下,欢迎词中对这些工作伙伴的介绍有固定的次序:

①海外来华团首站地的全陪介绍次序:组团旅行社领导—请领导致辞—首站地地陪—请地陪致欢迎词;

②海外来华团首站地的地陪介绍次序:全陪—司机—地接旅行社领导—请领导致辞;

③非首站地的地陪介绍次序:司机—地接旅行社领导—请领导致辞。

(四)表达服务意愿

导游员在欢迎词中要向游客表明自己的工作态度,也就是表达服务意愿。这也是欢迎词的一个重要内容,能够让游客感受到导游员的热情。欢迎词的这一部分主要包括3个内容:非常乐意为游客导游、保证努力工作和希望游客合作。

在这一部分中,导游员不妨先给游客打打"预防针"。许多旅游地由于基础设施较为落后,其中难免会出现一些不足之处。导游员在欢迎词中先给游客提个醒,可以避免游客产生太大的失望情绪。

 案例分析

云南迪庆香格里拉欢迎词节选

……这一路跋涉,相信大家从这交通的艰难中应该可以了解到我们迪庆发展的不易了。我们这里还没有五星级的香格里拉大酒店招待你们,但我们有五星级的自然景观,我们司陪人员也会努力向各位提供五星级的导游服务,相信这美妙的人间仙境会让各位陶醉其中的!

上例中对香格里拉接待设施的介绍就属于打了"预防针"的内容,可以让游客先有个心理准备。

(五)祝福

在欢迎词的最后,导游员应该预祝游客们此次旅游顺利、愉快。

以上这5个方面就是欢迎词的基本要素，但并不是所有的欢迎词内容仅限于此。欢迎词的内容应该根据游客国籍、团体、时间、地点、成员身份的不同而有所区别，切忌千篇一律。导游员可以在以上5个基本要素的基础之上作进一步的发挥。如果能够在欢迎词中加上一些中国好客的谚语和格言，比如"有朋自远方来，不亦乐乎""有缘千里来相会""百世修得同船渡"等，将会为欢迎词增色不少。总而言之，欢迎词既要使客人感受到导游员真挚的情感，又要符合自己的身份，起到迅速融洽客导之间关系的作用。

视野拓展

从实际工作来看，导游员的自我介绍有3种方法：自谦式、调侃式和自识式。

1. 自谦式自我介绍："我叫×××，上个月刚刚从旅游学院毕业，导游经验不足，请各位多多关照。"这种自我介绍方式体现了谦虚的传统美德，曾经盛行一时，但可能会让游客产生一定的不信任感，因此现在使用较少。

2. 调侃式自我介绍："我是××旅行社的导游员×××，十分荣幸能够为各位导游，只是我的长相有点不符合合格导游的标准。因为有人说过，导游是一个国家的脸面。大家看我这张脸，能够代表我们美丽的国家吗？"这种调侃不等于低级趣味的搞笑，其中包含着自律、自慰和自勉，于诙谐幽默的自我揶揄中又流露出自信，既让游客开怀，又让游客放心。

3. 自识式自我介绍："我是××旅行社的导游员小曲，曲是弯弯曲曲的曲，但大家不要误会，我不是一个弯弯曲曲的人，而是一个正直的人。"这种自我介绍语意平和，语调轻松，使用非常广泛。

有一些导游员还喜欢在介绍自己的姓名时也介绍自己的导游风格和带团的注意事项，还有的导游员以分发名片的方式代替自我介绍，这些同样也是可取的自我介绍方式。

第三节　欢送词

在游客结束在本国（地）的旅游活动，即将返回本国（出发地）时，导游员的工作也接近尾声。从导游语言的角度来说，这时要提供的一项重要导游语言服务就是向游客致欢送词。欢送词是导游员最后一次直接面向游客说话，它会影响到导游语言服务在游客心中留下的整体效果，也会影响到游客的重游兴趣。因而与欢迎词和讲解词一样，欢送词也是导游词写作中不可忽视的一个组成部分。

一、欢送词的特点

欢送词是指导游员送别游客时的致辞。不同类型的导游员致欢送词的时间与地点不尽相同。定点导游员（讲解员）通常在游客参观完纪念馆或博物馆后，在大门口向游客致欢送词；全陪和地陪通常在游客结束了本国（地）的旅游后，送游客前往机场（车站、码头）时向游客致欢送词；领队通常在陪同游客返回本国后，即将散团时再向游客致欢送词。

虽然导游员致欢送词的时间与地点不完全一样，但致欢送词的目的都是为了向游客表达送别之意，力图使游客带着美好的印象结束旅游活动，并为以后的再次服务做好铺垫。因此，他们的欢送词都具有一些共同的特点。

（一）重在动之以情

无论旅游过程长短，旅游者与导游员之间或多或少都会进行一些交流，因而也或深或浅地建立了感情基础。俗语说："人心都是肉长的"，除非本次旅游过程和所接受的旅游服务非常糟糕，否则游客会总对即将结束的旅游活动有一些留恋之情。在导游员的欢送词中不能忽视游客的这种心理，要注意在欢送词中带有一定的感情色彩，迎合游客的情绪，以浓重的感情氛围打动游客。

在欢送词中所具备的感情应该是真挚的、自然的，切不可"为赋新词强说愁"。过于矫揉造作的欢送词非但不会让游客感动，反而会对游客产生负面的影响，效果并不如意甚至适得其反。为做到这一点，导游员要调整自己的心态，不要过多地考虑游客在旅游过程中带来的麻烦，而要多想想游客对自己的理解与关心，这样才能激发出自己诚恳的惜别之情。

强调欢送词应该赋予感情色彩并不意味着导游员就要致一篇过于悲情的欢送词。毕竟旅游活动是让人身心愉悦的活动，不应该让客人带着满面愁容离开。尤其对于地陪来说，游客离开本地后还要继续开展活动，如果游客情绪低落地开展下一站的旅游活动，会给以后的旅游服务和游客的旅游享受产生消极的影响，因而欢送词中表示不舍的同时也要表达出对再次相会的隐隐期待之情。

（二）简洁、干练

与欢迎词一样，欢送词并不是导游语言工作的主体，因而无须过于烦琐复杂，在文字上以简洁、干练为主要特征。导游员在送别时如果啰里啰唆，会给游客留下婆婆妈妈、拖泥带水的感觉，可能会损害到游客业已形成的良好印象。

在写作欢送词时，导游员要充分估计好致辞的时间长短，不要到了机场（车站、码头）后还在喋喋不休。这时游客的注意力已经分散，或观察机场（车站、码头），或整理行装，或检查证件、票据，没有心思来细听导游员的欢送词了。

同时也要注意，欢送词不能太过于随便，那样的话也会让游客以为导游员巴不得自己马上走。画蛇添足当然不好，但虎头蛇尾同样是在欢送词中应尽量避免的。

（三）耐人寻味

欢送词并不是简单地向游客说再见，它也包含了对旅游活动的回顾和思考。如果导游员的整个导游服务都非常成功，那么在最后时刻更要做到尽善尽美，既要干净、利索，又要饶有趣味，给游客一种美的享受。

在整个旅游过程中，游客是凭自己的亲身体验来评价导游员的工作好坏的。为此，导游员在欢送词中有必要对全部旅游活动和导游服务做一次归纳和总结。在欢送词的内容选择上，导游员应当适当回顾旅游过程，弥补前期工作的不足。

经过一段时间的接触之后，游客对旅游地的风景、社会、文化等方面也会形成自己的评价。这些评价有可能恰如其分，也有可能有一定的偏差。为防止游客产生误解，导游员在欢送词中要进一步帮助游客加深对本国（地）的理解和认识。以一些能够让游客更好地了解本国（地）的知识或者民谚来总结旅游过程无疑是非常好的方法，这样也可以让游客在离开以后还能够有一些值得回味的东西。

二、欢送词的基本要素

在欢送游客时，导游员首先要做到三个"不可"，即寒暄不可少、热情不可减、总结不可忘。除此之外，根据上文中所提到的欢送词的主要目的，在欢送词中还必须包含一些内容，这就是欢送词的基本要素。

（一）回顾整个旅游活动

由于旅游活动时间相对比较短暂和旅游活动项目排列得比较密集，虽然游客在游览完一个旅游景点时会津津乐道，但是过了一段时间可能就会逐渐淡忘。因此在欢送词中，导游员应该对整个旅游活动作一个回顾，帮助游客回忆，加深已经有所淡忘的印象。

回顾整个旅游活动并不是简单地将所有旅游活动的内容罗列出来，而是围绕一定的中心思想，穿插、结合旅游过程中的各种情况进行总结。

很多导游员在回顾旅游活动时经常会提及一些游客本人在旅游时的表现和遇到的一些突发事件，这样游客的印象会更深，更好地达到欢送词的目的。还有的导游员在此时将旅游过程中拍摄的一些照片展示给游客或者将录像带通过车载电视播放出来，效果更好。

如果有的游客对旅游目的国（地）仍然存在一些疑问或者还想多了解一些，导游员也可以在欢送词中对此再进行一些介绍。

（二）传播友谊

致欢送词是导游员向游客传播友谊和表达惜别之情的绝佳时机。导游员在欢送词中可以引用一些格言民谚来渲染气氛，唤起游客的情感共鸣，表达惜别之情。

（三）总结导游工作和其他旅游服务

虽然导游员和其他旅游从业人员的工作只是对旅游者的旅游活动提供的一种辅助，然而旅游者对旅游活动留下的整体印象在很大程度上会受到导游工作和其他旅游服务的影响，有时候这种影响甚至是决定性的，所以导游员在欢送词中必须对导游工作和其他旅游服务作一个总结。如果在这其中确实出现了令游客不快的服务失误，那么还应该在欢送词中就这些失误之处向游客致歉。

社会心理学的研究表明，由于人们共有的虚荣心，往往在评价自己活动时会出现自我服务偏见（Self-serving Bias），也就是会将活动成功归功于自己，而将活动失败归咎于外界因素。虽然这种现象并不合理，但导游员在欢送词中必须考虑到这一点。因此，在欢送词中，无论实际过程如何，导游员都要感谢游客对于自己和旅行社等部门工作的配合与支持。

另外，导游员具有情况调查员的职责，应该认真了解游客对本国（地）旅游接待服务的意见和建议，这一项工作通常都是在致欢送词时开展的。目前在我国，征求游客意见主要是采用发放书面调查表的形式（如"海外游客意见反馈表"），导游员也可以直接同游客进行语言交流。

（四）期待重逢

在欢送词中，导游员还要表达出期待与游客重逢的心情。只要导游员在旅游过程中与游客相处得十分融洽，这一项内容是很容易让游客产生同感的。同时，这也是旅游目的国（地）吸引游客重游的一项重要因素。

（五）美好的祝福

出于礼貌，在欢送词的最后通常会向游客致以美好的祝愿。

欢送词中必须包含的基本要素是以上5项，其顺序可以由导游员自行安排。此外，很多导游员会根据游客和旅游活动的具体情况以及自己的导游风格融入一些其他内容，只要这些内容不会给游客带来不好的印象，都是可以的。

三、欢送词的主要类型

在实践工作中，欢送词具有以下一些主要类型：

（一）一般类型欢送词

导游员使用得最多的是一般类型的欢送词，也就是以前文所述的5项基本要素为全部内容的欢送词。这种欢送词规范、得体，对于经过长时间疲劳工作的导游员来说也比较容易掌握。

 **案例分析**

尊敬的朋友们,我们就要分手了!这些天来,我们一起愉快地游览了……正是由于各位的积极配合和大力支持,我们此次的旅行才能在不断的欢声笑语中结束。在此,请允许我代表××旅行社、司机和我本人,向各位表示我们最诚挚的感谢!在这难忘的时刻,我衷心祝愿你们一路平安,同时我也希望你们与我经常通信,愿我们的友谊像兄弟,愿我们的感情像亲人!"海内存知己,天涯若比邻。"相信我们一定能再次相聚的。再见了,我亲爱的朋友们!

一般类型的欢送词并没有什么太大的不足,只是多少会让游客感到有些平淡,缺少吸引人的地方。当然,在时间仓促的情况下,这种欢送词是完全合格的。所以导游员都必须掌握如何写作合乎体例的一般类型欢送词。

(二)自责类型欢送词

诚恳、谦虚是中华民族的一种美德,也是导游员的一种美德。在用心为游客服务的最后一刻,向游客表示自己诚恳的态度,是导游员高层次、高素质的体现,也是导游员具有良好职业道德的反映。因此,许多优秀的导游员往往采用带有一定自责色彩的欢送词。

 **案例分析**

要和在座的各位说再见了!此刻,我的心情既激动又难过!这次陪同大家一起前往……在这次旅游过程中,我有许多应该做好而没有做好的工作。那我现在能向大家说些什么呢?只有一句话,那就是——谢谢各位对我们工作的合作!是你们的支持使我增强了信心,是你们的帮助使我增加了力量,是你们的理解使我战胜了困难,请允许我再一次向你们表示感谢!我要努力工作,或许来年我们有缘再次相会,我将提供更好的服务!愿我们的友谊天长地久!最后,祝愿大家一路顺风,万事如意!

这种自责类型的欢送词比较符合内宾游客和东方国家游客的思维习惯,很受他们的欢迎。不过由于西方文化中比较看重自我价值的肯定,因此这种类型的欢送词不适合西方国家的游客。

(三)歌唱类型欢送词

有一些导游员会在致欢送词时加入一段歌曲或者戏曲的演唱,将游客的情绪调动起来,形成了导游工作中的最后一个亮点。

案例分析

朋友们,只有在离别的时候,才深深地感到我们相处的时间太短……在此期间,大家亲如兄弟、胜过亲人!得到大家的关照,我们才能顺利完成工作任务。说实话,我真有点儿舍不得离开你们,我会想念大家的!接下来我就以大家在家乡非常熟悉的歌手邓丽君小姐的一曲《路边的野花不要采》来向大家告别吧——"送朋友送到飞机场,有句话儿要交代:虽然旅游已结束,但我们的友谊永存在!记住我的情,记住我的爱,记住我们有缘还会来相会。我呀衷心期待着这一天,千万不要把我来忘怀。"欢迎大家再来玩!再见!

这篇欢送词中虽然对歌曲的改编有些细腻地方不太合拍,但游客听来耳目一新,其内容表达也十分真挚,不失为欢送词中的一篇佳作。

视野拓展

别具一格的欢送词

情真意切、耐人寻味的欢送词宛如好的演出在谢幕前的最后精彩表演,既能给游客留下难忘的美好印象,有时还可以弥补导游中的不足。

导游一般的告别话语主要有:
(1)没有不散的筵席,也没有永远在一起的朋友
(2)送君千里终有一别
(3)只有在离别的时候才深深地感到我们相处的日子太短太短
(4)中国有句古话"两山不能相遇,两人总能相逢",我期盼很快再相见
(5)"好花不常开,好景不常在,今日离别后,何日君再来",但我相信,我们之间友谊的花朵会常开,我们这儿的美景永远常在,我们的相会一定会再来
(6)请让我朗诵一首小诗,表达我的惜别之情:

    惧怕这离别的忧伤,
    我却迟迟不敢伸手。
    惧怕这离别的惆怅,
    我久久不肯抽手。
    但愿这深情的一握天长地久;
    但愿这醉心的一握情韵悠悠。

第四节　景点讲解词的写作技巧与注意事项

为了使自己成为游客注意的中心并将他们吸引在自己周围，导游的景点讲解词必须足够吸引游客，要善于编造讲解的故事情节，结合游览活动的内容，解疑释惑，创造悬念，启发联想，努力将游客导入意境。

下面介绍几种常用的景点讲解词的写作技巧。

一、分段写作法

对于那些比较小的、简单的景点，我们可以直接地、一次性地写作清楚完整，但对于规模大的比较复杂的景点，就必须采用分段写作的方法。

所谓"分段写作法"，就是将一处大景点分为前后衔接的若干部分来分段写作。首先用概述法介绍景点（包括历史沿革、占地面积、欣赏价值等），并介绍主要景观的名称，使旅游者对即将游览的景点有个初步印象，达到"见树先见林"的效果，使之有"一睹为快"的满足感。然后按照现场顺次游览，逐步分段写作。在写作某一景区的景物时注意不要过多涉及下一区的景物，但要在快结束时适当的写一点下一个景区，目的是为了引起游客对下一景区的兴趣，并使导游讲解一环扣一环，让景物讲解环环扣人心弦。

二、突出重点法

所谓"突出重点法"，就是在进行导游词的创作时，避免面面俱到，而是突出某一方面进行重点写作阐述。一处景点，要写作的内容很多，我们必须根据不同的时空条件和对象区别对待，有的放矢地做到轻重搭配、重点突出、详略得当、疏密有致。景点导游词写作时一般要突出的重点主要为以下几个方面的内容：

1. 最具代表性的景观

游览景点规模比较大，我们就要确定重点景观。这些景观既要有自己的特征，又要概括全貌，以便到现场游览时，导游员主要讲解这些具有代表性的景观。例如，去天坛游览，主要是参观祈年殿和圜丘坛（包括皇穹宇），讲解内容主要也是这两组建筑。如果讲好了这两组建筑，加上绘声绘色地介绍当年皇帝在圜丘坛祭天的仪式和场面，不仅让旅游者了解了天坛的全貌（历史、面积、用途等），还能使他们欣赏到举世无双的中国古代建筑艺术。

2. 与众不同的特征

每一个景区景点都有自身的特点，这也是游客愿意前往游览的原因。比如宗教建筑，不同宗教的建筑风格不同，同一宗教不同地区的建筑风格也不尽相同。我们在景点导游词的创作中，就要突出其与众不同的特征。

3. 游客感兴趣的内容

在景点导游词写作的时候，如果只是简单地对景点进行描述，也许在导游讲解的时候不能起到很好的效果。景点导游词的写作，也要根据旅游者的兴趣、爱好的不同进行创作。例如，故宫景点，旅游团的客人是建筑界人士，我们的景点导游词的写作除了一般介绍故宫的概况外，还要突出中国古代宫殿建筑的布局、特征，故宫的主要建筑及其建筑艺术、重点建筑物和装饰物的象征意义等。如果能将中国的宫殿建筑与民间建筑进行比较，将中国的宫殿与西方宫殿的建筑艺术进行比较，景点导游词的写作层次就大大提高，就更能吸引人。

三、虚实结合法

所谓"实"，就是指在旅游现场所看到的景观实物、实景；所谓"虚"，是指与景观有关的民间传说、神话故事、趣闻逸事等，一般都是无据可查。虚实结合，就是要求景点导游词在写作的时候将景物与相关的典故、传说结合起来，用编织情节的方式进行创作。例如，在对巫山十二峰的景点进行写作的时候，除了对巫山十二峰的自然风光进行描述，还可以加入巫山十二峰的传说故事。在中国，几乎每一个景点都会有一段美丽的传说，例如，九寨沟有动人的爱情佳话，杭州西湖有"西湖明珠自天降，龙飞凤舞到钱塘"的美丽传说等。我们景点导游词的写作选择"虚"的内容要"精"、要"活"，使导游讲解的时候能够见景而用，即兴而发。

 案例分析

请看神女峰讲解中的虚实结合：

神女峰位于巫山县城东约15公里处的长江北岸，是巫山十二峰中最著名的一峰，每天第一个迎来灿烂的朝霞，又最后一个送走绚丽的晚霞，又叫望霞峰、美人峰。（实）相传神女峰是西王母幼女瑶姬的化身，曾帮夏禹治水。水患消除后，瑶姬毅然决定留在巫山，为行船保平安，因而博得后人尊敬和奉祀。《巫山县志》中记载："赤帝女瑶姬，为行而卒，葬于巫山之阳为神女。"神女峰对岸飞凤峰下现存授书台，相传是瑶姬授书夏禹处。（虚）三峡地区山高峰秀，壁陡峡窄，三峡水库蓄水以后，峡谷风光犹存，又添平湖景色。神女峰海拔高922米，水位升至135米后,人们仍需仰视才能一睹"神女"的风采(实)。

四、同类比较法

在景点导游词写作的时候,我们还会运用同类比较法。比较有对比和类比两种方法,在导游讲解中常用类比。类比,顾名思义就是同类之间进行比较,就是以熟喻生,达到触类旁通的目的。我们景点导游词的写作,就是用旅游者熟悉的事物与景点比较,便于他们理解,使他们感到亲切,从而达到事半功倍的导游效果。

类比法分为同类相似类比和同类相异类比两种,不仅可在物与物之间进行比较,还可作时间上的比较。

(一)同类相似类比

将相似的两物进行比较,便于游客理解并使其产生亲切感。例如,将北京的王府井比作日本东京的银座、美国纽约的第五大街、法国巴黎的香榭丽舍大街;把上海的城隍庙比作日本东京的浅草;参观苏州时,可将其称作"东方威尼斯"(马可·波罗称苏州为"东方威尼斯");讲到梁山伯与祝英台或《白蛇传》中许仙和白娘子的故事时,可以将其称为中国的罗密欧和朱丽叶等。

(二)同类相异类比

这种类比法可将两种风物比出质量、水平、价值等方面的不同。例如中国长城与英国哈德良长城之比,中国故宫与日本天皇宫之比等。但是,使用时要谨慎,绝不能伤害旅游者的民族自尊心。这种类比法还可以比出两种风物在风格上的差异。例如,陪法国旅游团参观故宫时,可将其与巴黎附近的凡尔赛宫作比较;游览颐和园与凡尔赛宫花园进行比较。这种东西方宫殿建筑和皇家园林风格及艺术之比,西方游客听了不仅欣赏到中国宫殿建筑和皇家园林的艺术美,也对东西方文化传统的差异有了进一步的认识。

(三)时代之比

在游览故宫时,导游员若说故宫建成于明永乐十八年,不会有几个外国旅游者知道这究竟是哪一年,如果说故宫建成于公元1420年,就会给人以历史久远的印象;但是,如果说在哥伦布发现新大陆前72年、莎士比亚诞生前144年中国人就建成了面前的宏伟宫殿建筑群,这不仅便于旅游者记住中国故宫的修建年代,给他们留下深刻印象,还会使外国游客产生中国人了不起、中华文明历史悠久的感觉。还如游故宫,导游员一般都会讲到康熙皇帝,但游客大都不知道他是哪个时代的中国皇帝,如果导游员对法国人说康熙与路易十四同一时代,对俄罗斯人说他与彼得大帝同时代,还可加上一句,他们在本国历史上都是很有作为的君王。这样介绍便于游客认识康熙,他们也会感到高兴。

要正确、熟练地使用类比法，要求导游员掌握丰富的知识，熟悉客源国，对相比较的事物有比较深刻的了解；而且，面对来自不同国家和地区的旅游者，要将他们知道的风物与眼前的景物相比较，切忌做胡乱、不相宜的比较。正确运用类比法，可提高导游讲解的层次，加强导游效果；反之，则会惹旅游者耻笑。

视野拓展

我的"导游经"

我自己是一个干了十几年的老导游，但每当我给新进公司的导游讲课时总是从游客的角度来讲，因为你要想抓住游客的注意力，首先得明白游客们想听些什么，想听怎样的讲解。我们许多新导游一上岗总觉得最重要的是背好景区材料，把它们背得烂熟，出口成章，就已是一个合格的导游了，其实完全不是这么回事。

试想假若你自己是一个游客，看到上车来一位导游一开口就在背书，你会觉得还不如自己拿本书来看效果更好。导游讲解也是一种讲话，就像你在和朋友聊天时你眉飞色舞地给朋友讲一件新鲜有趣的事。最重要的条件，一是熟；二是自己也惊叹于这件事。如果你自己心里就一点都不以这件事为异，那你讲出来一定也不会让人家觉得惊异。那么有些景点有令人惊叹的事，有些景点没有，怎么办？我们知道有一句老话叫"情人眼里出西施"，一个普通的女人，由于爱她，看出来像西施一样的美艳，所以一个景点，由于爱它，也可有一样的效果。更何况能当景点的本来就已不是一个"普通的女人"了，它必有很可爱的地方。所以说导游要讲解好，首先得对这个景区有热爱，爱了之后就会去探索关于它的每一点资讯、每一点故事、每一点惊人之处，然后用你全部的热情，眉飞色舞地给讲出来，那你的讲解就已成功了一半了。

讲解要成功的另一半是讲解技巧。一说到技巧，有些新导游就会觉得它是一个很深奥、很复杂的东西，其实有那么几条挺简单、易操作的规律，都是我在多年工作中所感悟到的：

第一就是要在对比中凸显效果。你讲什么都要和客人家乡或他熟悉的东西对比着讲。你对一个人讲一大堆他不熟悉的东西他会越听越累，但你提到他家乡的东西、他熟悉的东西，他必会来精神。比如你讲一座大桥，全长有多长、耗了多少钱、建了多少时间，等等，这些数字对于大多数人来说都是枯燥的，但如果你找出一条客人家乡比较著名的桥，告诉他比那条长一倍，比它建得快三倍，比那条桥用的钱还少，这样他就会惊讶了，他的注意力就回来了，也会津津有味地继续听下去。

第二就是要利用好互联网这个资源。要在对比中凸显效果，你就必须先了解客人来自哪里，他的家乡或他的工作等情况，然后还要找到相关的资料。导游虽说号称"杂家"，应该什么都知道，但一个人，特别是新导游，哪里会有那么宽博的知识呢？所以我们就应该利用互联网这个快捷、方便的资源，查阅各类相关信息。通过这样的方法，不但你出色地带好了这个团，而且你学到了许多知识，这样工作上几年，你就真的成了"杂家""博家"了。

第三就是讲解词要有针对性。上面我们说到你要了解客人的情况，这不但对于你查找针对他们的资料有帮助，同时也帮助你决定给他们讲到什么程度。带不同的游客他们对景物的关注点有所不同，比如你带团参观溶洞，许多导游都会指着这一块那一块的石钟乳告诉游客像什么像什么，但如果客人是搞科技工作的，最好少讲这些，而多讲些石钟乳的形成原因、这个溶洞的地质发展、当年的开发情况等等，不然一会工夫他们就会自己走得没影了。但如果客人是些农村老大妈，你还给她们讲地质，她们也会弃你于不顾了。

第四就是你必须掌握客人的生理情况。比如客人是乘长途火车而来，夜里都没睡好，你却在那里兴致勃勃地给他们大讲特讲，即使你讲得很不错，但他们生理上的困盹还是可能打败一切精彩的讲解，而他们的鼾声会如此地打击你的自信。这时候你要知道，你不是失败在讲解上，而是失败在关心人上。

最后，当好一个导游，不但要有对景点的热情，还要有对游客的热情。这个热情不单单是指你为他们讲解好的热情，还包括对他们作为一个人的全部关怀。有些导游认为我把该讲的都讲了就完成了任务，这种观点可要不得。还记得我2002年去新西兰，由于有4小时的时差，8:00出发时大家都还想睡觉，但地陪小姐对我们说："我知道大家都很困，有些人想睡，实在想睡的就睡。但各位大老远来到这里，我还是有好多东西要讲给大家听。不过我会小声点，免得要睡觉的团友投诉我吵死了。"众人大笑，并且听到她体谅到我们的情况，觉得她好亲切。然后她开始介绍，先说到新西兰的人口，她说："许多从中国来的老人到了这里不久都开始自己和自己说话，为什么呢？"大家一听事关我们中国老人，都竖起了耳朵，接着她说道："那是因为新西兰人实在是太少了，到处找不到人聊天！"众人在大笑中不但精神了许多，而且对她讲解的东西有了兴趣，如果她只是背诵新西兰有多少万人口，我想我们很快就都睡着了。

以上是我总结出的关于讲解中需要掌握的几条规律，相信你听后已可以初步成为一名不错的导游。希望在今后的实践中每一个导游都去认真摸索，让全中国的导游都成为有知识、有水平、爱游客的好导游吧。

——（节选自《导游语言技巧与实践》）

本章关键词

导游词种类　导游词作用　导游词写作　欢迎词　欢迎词类型　欢迎词结构　欢送词　欢送词基本要素　欢送词类型　景点讲解词写作技巧

 课后练习

1. 导游词的种类有哪些？分别有什么特点？
2. 导游词的作用有什么？
3. 导游词的写作程序是什么？
4. 欢迎词的基本要素是什么？
5. 欢迎词的特点是什么？
6. 景点写作常用的技巧有哪些？
7. 类比法又可以分为哪些？
8. 请用所学方法，写一篇"黄鹤楼"景点导游词。

第三章 导游讲解语言

本章概览

导游讲解语言就是导游人员引导游客、为游客介绍旅游景点时运用的语言，它通过导游人员对旅游景点、景观、景物的讲解，带给游客一种跨越时空的文化观念，让眼前的景物、昔日的厚重和美妙的想象三者有机融合在一起。讲解服务是导游服务的灵魂，最能体现导游员的职业特点，而决定导游讲解服务质量高低的关键则是导游讲解语言。

第一节 导游讲解语言的基本要求

导游是一种社会职业，与其他社会职业一样，在长期的导游实践中逐渐形成了具有职业特点的语言——导游讲解语言。从狭义的角度说，导游讲解语言是导游人员与游客交流思想感情、指导游览、进行讲解、传播文化时使用的一种具有丰富表达力、生动形象的口头语言。从广义的角度说，导游讲解语言是导游人员在导游服务过程中必须熟练掌握和运用的所有含有一定意义并能引起互动的一种符号。所谓"所有"，是指导游讲解语言不仅包括口头语言，还包括态势语言、书面语言和副语言。其中副语言是一种有声而无固定语义的语言，如重音、笑声、叹息、掌声等。所谓"含有一定意义"，是指能传递某种信息或表达某种思想感情，如介绍旅游景观如何美、美在何处等。所谓"引起互动"，是指游客通过感受导游讲解语言所产生的反应。譬如，导游人员微笑着搀扶老年游客上车，其态势语言（微笑语和动作语）就会引起游客的互动：老年游客说声"谢谢"，周围游客投来"赞许的目光"。所谓"一种符号"，是指导游过程中的一种有意义的媒介物。

语言是以语音为物质外壳、以词汇为建筑材料、以语法为结构规律而构成的体系。导游人员无论是进行导游讲解，还是回答游客的问题，或同游客交谈，在发音之前都要对所讲、所谈的内容进行组织，即将有关词汇按照语法规律组合成具有一定语义的句子，然后用语言表达出来；同时语言在运用中又存在着方法和技巧。对于导游人员来说，由于服务的对象是不同的游客，他们的性格、兴趣和爱好各异，导游人员的语言除了要符合语言规范之外，还要满足以下基本要求：

一、导游讲解语言的准确性

导游讲解语言的准确性是指导游人员的语言必须以客观实际为依据，即在遣词造句、叙事上要以事实为基础，准确地反映客观实际。无论是说古论今，是议人还是叙事，是讲故事还是说笑话，都要做到以实论虚、入情入理，切忌空洞无物或言过其实。导游人员的语言要做到有准确性，必须做好如下几个方面：

（一）严肃、认真的科学态度

严肃、认真的科学态度是做好导游讲解语言准确性的前提。首先，要求导游人员有竭诚为游客服务的思想，有不断提高导游服务质量的意愿，抱着对游客、对自己、对旅行社、对国家负责的态度。说话时，要实事求是地用恰当的语言予以表达，而不要信口开河、东拉西扯、言不由衷、词不达意。其次，要有锲而不舍、勤学苦练的精神，只有这样才能不断进取，认真地对待语言中的每一个词语，使之符合语境并贴切地反映客观实际。

（二）了解和熟悉所讲述的内容

了解、熟悉所讲、所谈的事物和内容，是运用好语言的基础。如果导游人员对景点的情况、对要讲的内容不了解、不熟悉，很难想象其语言能表达得清楚、准确，更谈不上流畅、优美了。如果导游人员对所讲、所谈的事物和内容有充分的准备，谙熟于胸，讲起来不仅侃侃而谈、旁征博引，而且遣词造句也十分贴切，能准确地反映所讲、所谈事物的本来面貌，易于为游客所接受和理解。

（三）遣词造句准确、搭配恰当

遣词造句准确，词语组合、搭配恰当是语言运用的关键。一个句子或一个意思要表达确切、清楚，关键在用词与词语的组合及搭配上，要在选择恰当词汇的基础上，按照语法规律和语言习惯进行有机组合和搭配。如果词语用法不当，组合搭配不好，会使信息失真。

 案例分析

如武汉市导游人员在归元寺向游客介绍《杨柳观音图》时说："这幅画相传为唐代阎立本的壁画，它所体现的艺术手法值得我们珍惜"。这里，"珍惜"属

于用词不当，而应该改为"珍视"。"珍惜"是爱惜的意思，而"珍视"则为看重的意思，即古画所体现的艺术手法值得很好欣赏。

又如游客问："长城是什么时候修建的？"导游人员回答："秦朝"。这种回答属于表述不清，因为早在春秋战国时期，燕、赵、秦三国为防御北方的匈奴、东胡等民族的骚扰就筑起了高大的城墙，此即为长城的起源。秦统一六国后，在原有长城的基础上修筑成一条具有今天规模的长城。如果对外国游客，还应讲清春秋战国和秦朝的公历年代，这样外国游客才会对中国长城的历史有一个明确的认识。

另外，词语的组合、搭配要恰当。导游人员在选择贴切的词汇的基础上，还要进行词语的组合与搭配，使之符合规范，搭配相宜，这样才能准确地表达意思。如导游人员在向游客介绍了某一自然景观之后说："这里的景色真叫人心旷神怡。"这里的"叫"字同"心旷神怡"的搭配就不如用"令"字更好，因为"令"字有"使"的含义，即客观事物使人们主观上产生一种感受。

二、导游讲解语言的逻辑性

导游讲解语言的逻辑性，是指导游人员的语言要符合思维的规律性。

（一）语言要保持连贯性

导游人员的思维要符合逻辑规律。逻辑分为形式逻辑和辩证逻辑，前者是孤立地、静止地研究思维的形式结构及其规律的科学；后者是关于思维的辩证发展规律的科学，即从事物本身矛盾的发展、运动、变化来观察、把握、研究事物的内在联系及其相互转化的规律性。形式逻辑的思维规律主要有同一律、矛盾律和排中律。同一律的公式是：甲是甲。它要求在同一思维过程中，思想要保持自身的同一。矛盾律的公式是：甲不是非甲。它要求在同一思维过程中，对同一对象不能作出两个矛盾的判断，不能同时既肯定又否定，思想必须保持前后一贯、无矛盾。排中律的公式是：或者是甲，或者是非甲。它要求对两个互相矛盾的判断，承认其中之一是真的，作出非此即彼的明确选择，不能两者都否定，也不能模棱两可。导游人员若能掌握并正确地运用这些逻辑形式，遵守形式逻辑的思维规律，就会使自己的思维具有确定的、前后一贯的、有条理的状态，从而在语言表达上保持首尾一致，具有较强的逻辑性。

 案例分析

如导游人员在讲西湖孤山时，说"孤山不孤，断桥不断，长桥不长"。导游人员作出"孤山不孤"这一判断是从"孤"和"不孤"选择而来的,作出这一选择是由其思维逻辑确定的,即孤山是由火山喷出的流纹岩组成的,整个岛屿原来是和陆地连在一起的,所以说"孤山不孤"。那么为什么又叫它孤山呢?一是因为自然的变迁,湖水将它与陆地分隔开来;二是因为这个风景优美的岛屿过去一直被称为孤家寡人的皇帝所占有。同样,"断桥不断""长桥不长"也是如此。在这里,导游人员运用了形式逻辑中的排中律,从地质学的角度分析了孤山这个岛屿同陆地的内在联系及其转化。

(二)语言表达要有层次感

导游人员应根据思维逻辑,将要讲的内容分成前后次序,即先讲什么、后讲什么,使之层层递进、条理清楚、脉络清晰。

案例分析

如一段介绍武汉市长江夜游的导游词

各位游客,我们的游船现在所在的位置就是长江与汉江交汇之处,浑黄的长江水与碧绿的汉江水汇成大大的"人"字,把武汉分为汉口、汉阳、武昌三镇。这两条江交接的地方像不像鱼的嘴巴?我们武汉人亲切地把它叫作南岸嘴。南岸嘴与被称为"德国角"的莫塞河与莱茵河交汇处极其相似,但规模更大,气势更恢宏。为了开发建设好这个中国内陆城市唯一的江河半岛,武昌区委、区政府委托清华大学邀请了七名世界级的设计大师专门对此进行了研讨,同时设计招标工作也已全面展开,希望通过全球范围的竞争为南岸嘴找到最好的景区建设方案。

现在我们看到的是位于汉水北岸的龙王庙码头,它全长有1080米,始建于清乾隆年间,也就是1739年,此前筑有"龙王庙"。由于龙王庙地段河面非常狭窄,水急浪高,素以险要著称,故有人修筑龙王庙祈求龙王爷保佑平安。这里曾多次发生不同类型的险情,是武汉三镇防洪的心腹之患。1931年,大水涨到26.94米时,汉口就发生过溃堤被淹的情况。解放后,党和政府高度重视堤防安全,龙王庙险段尤为关注。每当汛期来临时,这里就成了各级领导和群众关注的焦点。1998年,武汉遭到了百年罕见的特大洪水,水位达到29.43米。江泽民、朱镕基、温家宝等党和国家领导人到龙王庙险段指挥抗洪,面对汹涌的洪水江泽民总书记向全世界人民宣告:伟大的中华民族是不可战胜的。武汉军民和全国人民一道,齐心协力共同作战,取得了抗洪斗争的伟大胜利。就在武汉军民战胜98特大洪水之后,中央领导指示要抓紧整治龙王庙险段,从而拉开了龙王庙险段整治工程的序幕。1998年11月20日,该工程开工了,总投资2.34亿元,主体工程于1999年6月

8日完工,并于当年汛期经受住了武汉有关水文记录第三高水位的严峻考验,真正使险点变成了景点。

请各位顺着我手指的方向看,在码头的防水墙上嵌有纪念98抗洪大型花岗石浮雕,共有8个,依次为《洪水压境》《军民抗洪》《严防死守》《顽强拼搏》《团结奋战》《科技神力》《力挽狂澜》《欢呼胜利》。这组浮雕高3.45米,总长度为102米,一幅一个故事,再现98抗洪精神。这里还有一幅汉白玉的浮雕《双龙戏珠》,两条巨龙腾空而起,威风凛凛,象征着长江和汉水在龙王庙交结之意。

这一大段导游词的语言表达层次非常清晰。首先介绍了南岸嘴的情况,再介绍龙王庙的历史,然后引导到98抗洪救灾,最后到抗洪精神。由此可见,这位导游人员对此景点的介绍的成功与其具有的严密的逻辑思维密不可分。

导游人员的讲解语言要具有逻辑性,必须学习一些基本的逻辑方法。主要的逻辑方法有比较法、分析法、综合法、抽象法、演绎法与归纳法。

1. 比较法

比较法,就是两种或两种以上同类的事物辨别其异同或高下的方法。人们常说"有比较才有鉴别",只有通过比较,才能对事物有所区分。在导游讲解语言中,应用比较法的场合很多,例如:"长江是中国第一长河,世界名列第三",就是通过比较得出的结论,因为长江的长度仅次于南美洲的亚马逊河和非洲的尼罗河。

2. 分析法与综合法

分析法,是把一件事物、一种现象或一个概念分成较简单的组成部分,然后找出这些部分的本质属性和彼此之间的关系。综合法,则是把分析的对象或现象的各个部分、各种属性联合成一个统一的整体。例如:

"各位游客,到我们武汉市归元寺罗汉堂,数罗汉的方法一般有三种:一是男左女右,进罗汉堂大门后男同志靠左边、女同志靠右边;二是哪只脚跨进罗汉堂大门门槛,就从哪个方向数;三是在罗汉堂里任何一处挑选一尊作为起点,数到自己年龄的最后一个数字,那一尊罗汉便象征您的性格、气质、命运等。"这段导游词对武汉市归元寺罗汉堂用分析法进行了介绍,首先将数罗汉的方法分为三种,然后介绍它们各自的方法。若将这段导游词倒过来叙述,即先讲数罗汉的各种方法再归纳为三种,这就是综合法的运用。

3. 抽象法

抽象法又称概括法,是从许多事物中舍弃个别的、非本质的属性,抽出共同的、本质的属性的方法。例如:

"正是由于人们对道教神仙的崇拜、敬仰和畏惧,才产生了道教文化艺术。

至今保存在武当山各宫观中大量的道教神仙造像、法器、供器，既是中国古人神仙信仰的生动体现，也是道教文化留给今人的可贵的艺术成果。道教思想文化作为中华传统文化的重要组成部分，在悠久和精深、博大的中华传统思想文化的哺育、陶铸下，形成了具有自己特色的思想哲理和信仰体系，为历代有识之学者和方外之士所珍重，引导着历代悟道修真之士信仰、修行和研究、继承及弘扬、发展。"

这段导游词就高度概括出道教文化对湖北武当山和中国传统的影响。

4. 演绎法与归纳法

演绎法与归纳法都是推理的方法，前者是由一般原理推出特殊情况下的结论，其中三段论就是演绎的一种形式；后者是由一系列具体的事实概括出一般原理。这两个方法是相互对应的。如导游人员在介绍湖北神农架野人之谜时说：

"关于野人的传说在我国流传了几千年，且遍布全国。早在3000年前，我国西南少数民族麋国就将'野人'作为礼物献给周成王。战国时屈原曾对'野人'在《九歌》中进行过充满诗意的描写。1976年5月14日神农架林区副主任就曾在林区的大龙潭亲眼见到'红毛野人'，后又有人再次发现他的毛发、粪便及野人窝，从毛发的表皮来看，无论是髓质形态还是细胞结构都优于高等灵长目动物。最令人惊叹的是'野人窝'，它用20根箭竹扭成，人躺在上面视野开阔，舒服如靠椅，其制造与使用只有介于人和高等灵长目动物之间的奇异动物或野人才能做到。"

这段导游词首先介绍我国关于野人的传说，然后叙述神农架地区有关野人的情况，最后得出"野人窝"证明了这一情况的结论。导游人员在这里采用的逻辑方法正是从一般到特殊的演绎法。归纳法则与此相反，即从特殊到一般。

三、导游讲解语言的生动性

导游人员在向游客提供面对面的服务时，游客大多数情况下是在听导游人员说话，所以导游人员的语言除了语音、语调、语速要恰当及要有准确性和逻辑性之外，生动性也至关重要。导游人员的语言表达要力求与神态表情、手势动作和谐一致，做到形象生动、言之有情。如果导游人员的语言表达平淡无奇，和尚念经般的单调、呆板，或者十分生硬，游客听了必定兴味索然，甚至产生不爱听、不耐烦或厌恶的情绪。反之，生动形象、妙趣横生、幽默诙谐、发人深省的导游讲解语言不仅能引人入胜，而且会起到情景交融的作用。为此，导游讲解语言的表达应力求：使用形象化的语言，以创造美的意境；使用鲜明生动的语言，以增加语言的情趣性；使用幽默诙谐的语言，以增强语言的感染力。

要使口语表达生动形象，导游人员除了要把握好语音、语调之外，还要善于运用比喻、比拟、夸张、映衬、引用等修辞手法。

 案例分析

下述讲解实例中，符合以上哪几条基本要求呢？

女士们，先生们，早上好！今天我们去参观一个新的旅游景点，这就是：天涯海角。

为什么要将此地称之为"天涯海角"呢？在这个世界上真的有"天涯海角"这样一个地方吗？这正是我要告诉大家的。

"天涯海角"这一名称是根据古代宗教学说"天圆地方"得来的，这一理论成立的话，那么这个世界上肯定有个地方是边缘或者是尽头，即"天边"，那么它又在哪里呢？历史上的说法是：它在这儿，就在——海南岛的最南端，离三亚市向西走24公里，天涯海角也就是今天我们要去的地方。

这是原因之一，即理论根据。

众所周知，俄罗斯有个叫西伯利亚的地方，那里一年四季冰天雪地，荒无人烟，萧瑟凄凉，是专用来流放犯人的。在我国古代尤其是唐宋两朝，这一带就是中原地区的"西伯利亚"，是封建王朝的流放地。为什么要选择这儿不选择别处呢？因为这里交通闭塞，人烟稀少，瘟疫流行，常年干旱，天气酷热，环境极为恶劣。

这是原因之二，可以说是地理因素。

唐宋两朝，许多被流放至此的人由于路途艰难，初到伊始，人地生疏，水土不服，加之情绪低落，悲观失望，极少有生还者回中原的。他们个个无不怀着走天涯、下海角的感受，"天涯海角"在他们看来不仅仅指地球的尽头，而且意味着人生末日的到来，难怪被流放至此的唐朝两度宰相李德裕称之为"鬼门关"。他的全诗是："一去一万里，千去千不还。崖州去何处，先渡鬼门关。"（唐代称"三亚"市为崖州）这可以说是当时的真实写照啊。

此乃原因之三，即历史上的原因。由于以上三个原因，即理论上的原因、地理上的原因和历史上的原因，人们称此地为"天涯海角"。

今天我们去"体验"一下作为一个流放者走天涯、下海角的心情，但是，作为旅游者，我们不但没有不佳的情绪，反而心花怒放。我相信你们会为能前往这么一个带有神奇色彩、令人向往的古迹胜地而感到欣慰的。

在北京旅游的人们常说："不到长城非好汉。"今天我要说："不到天涯海角誓不罢休。"

我为诸位能有机会到此一游而感到骄傲，大家想想，假如有机会到过天涯海角，这个被李德裕"高度赞誉"为"鬼门关"的地方，试问，在我们今后的人生道路上，还有什么克服不了的困难呢？一切困难与天涯海角相比显得无足轻重、暗淡无光了。这是我此时的第一想法。此外，我发现在我们中间有许多成双成对的伴侣，有恩爱的老夫老妻，也有卿卿我我的年轻情侣，我羡慕你们，为你们高兴。你们想过吗？你们手拉着手、肩并着肩来到天涯海角，做丈夫的把妻子带到天涯海角，妻子则跟着丈夫到了天之边、海之角，请问你们这一辈子还会分开吗？我相信你们一定会更加相亲相爱、心心相印、白头偕老、永不分离。

女士们，先生们，我们很快就要到达目的地了，现在我给大家简单介绍一下几个主要的景点。诸位见到的一座巨石上面刻着四个大字"南天一柱"。根据中国传统的说法，天是圆的，它由地上四个角的四根柱子支撑着，这就是其中一根柱子的化身，它支撑着南天，让人民安居乐业。除此之外，我认为，它更能代表海南人民坚强、勇敢的性格，是海南人民的象征。到了天涯海角，诸位会看到两座巨石，上面分别刻有"天涯""海角"的字样，这就是我们的目的地。在此我有一个提议，到了天涯海角咱们来个集体合影好吗？希望这张合影能给各位留下永久的记忆，谢谢！（全国优秀导游林青《天涯海角导游词》）

这位导游员对"天涯海角"十分熟悉，讲解语言十分明快，在解释"天涯海角"时，条理清晰，从理论、地理和历史三个方面进行了简洁、明了的讲解，随后又采取议论和抒情的手法，为游客"创造"了一个游"天涯海角"的愉悦心境，并激情满腔地一连用几个设问句，把这种情绪推上了高潮，催人精神振奋，令人欢欣鼓舞。如果这位导游员对游客没有如火的热情，对"天涯海角"没有真挚的热爱，就可能流于一般性的解说，不可能具有这种鲜明独特的语言艺术风格。

第二节　导游讲解语言的用词技巧

导游讲解语言是思想性、科学性、知识性、趣味性的结合体。导游员运用讲解语言时要遵循用词技巧的四原则——"正确、清楚、生动、灵活"。

一、正确

正确，是指导游员在导游讲解时要使用规范化的语言，内容正确无误，逻辑性强。这是导游讲解语言科学性的具体表现，是导游在导游讲解时必须遵守的基本原则。通过导游活动，导游员向旅游者传播中华文明，传递审美信息。在这一活动中，"正确性"起着至关重要的作用，所以要求导游员在宣传、讲解时，在回答旅游者的问题时必须准确无误。而且，导游讲解语言的科学性越强越能吸引旅游者的注意，越能满足他们的求知欲，导游员也会受到更多的尊重。

导游讲解语言的正确主要体现在以下三个方面：

（一）导游讲解内容正确无误

导游讲解所涉及的各类知识要系统、完整，言之有据，信息来源可靠，有关时事政治和对外宣传的说法要与国家权威部门保持一致。

（二）导游讲解语言准确标准

中文导游员要尽量使用标准的普通话，普通话是情感的纽带和沟通的桥梁。导游讲解语言要力求语音纯正、字正腔圆，用词、语法规范，一般情况下不要使用方言，尽可能减少与来自全国各地的旅游者交流的障碍。外语导游员不仅要语音标准、语法正确、表达地道，还要尽可能多地掌握中国历史文化、旅游业务等方面的专业词汇，这样才能更加出色地做好翻译讲解工作。使用俚语要谨慎，一定要了解其正确含义及使用场合，不要误用和滥用。

（三）正确使用敬语、谦语、委婉语等

这些用语有助于表达对客人的尊敬和礼貌，传达友谊和感情，有利于减少话语的刺激性，缓和说话的语气，能收到更好的谈话效果。在运用这些语言的过程中应注意尊重对方的风俗习惯和语言习惯，也要注意自己的身份。敬语、谦语、委婉语与中外成语、谚语、名人名言等配合使用，往往能起到画龙点睛的作用，能提高导游讲解的品位，使导游员的谈吐显得高雅，令旅游者产生好感。

二、清楚

清楚，是导游讲解语言科学性的又一体现，要求导游员在导游讲解时注意以下几点：

①文物古迹的历史背景和艺术价值、自然景观的成因及特征必须交代清楚。

②口齿清晰，简洁明了，确切达意；措辞恰当，组合相宜；层次分明，逻辑性强。

③使用通俗易懂的语言，忌用歧义语和生僻词汇；表达尽量口语化、短句化，避免冗长的书面语；不要满口空话、套话；使用中国专用的政治词汇时要做适当解释。

三、生动

生动，就是导游讲解要具有活力，要能打动旅游者，引起旅游者的共鸣。正确、清楚的导游讲解能使旅游者得到准确、系统、完整的知识，而生动形象、幽默诙谐的导游讲解语言可以给旅游者带来轻松、快乐和美的享受，可以加深旅游者对旅游目的地名胜古迹、历史文化、风土人情的理解和感受，可以加深对导游讲解内容的记忆。"看景不如听景"，讲的就是导游员的生动讲解对景点起了画龙点睛的作用。导游员在导游讲解时要力争做到：

（一）使用形象化的语言，创造美的意境

形象化的语言，是指能引起人们思想和感情活动的语言。形象化语言的灵活使用，有赖于生活、学习中的语言素材的不断积累和语言表达水平的不断提升。

（二）使用生动、流畅、完整的语言

语言生动、流畅才能达意，给人以美感，它是导游讲解取得成功的基本保证之一。这就要求导游员思维清晰、语言完整、前后连贯，不拖泥带水。导游员应避免一些不良的语言习惯，比如：有的人说话语句不完整，断断续续，一句话未说完又说另一句话，使人听起来很累；有的人在表达中不自觉地有机械重复的现象，每说一句话都要重复一遍，或者重复前一句末尾的词语，使人听起来很厌烦；还有的人喜欢用一些没有意义的口头禅，如"这个""那个""嗯""啊"等等，语言啰唆，影响讲解效果和导游员形象。

（三）注意趣味性

旅游活动本身是轻松愉快的，导游讲解语言要避免说教，而应努力使情景与语言交融，尽可能用富有趣味性的语言使游客在笑声中获得大量信息，激发旅游者浓厚的游兴。

（四）恰当比喻

以熟喻生使导游讲解化平淡为生动，化深奥为浅显，化抽象为具体，化冗长为简洁。生动的比喻往往会让人感到亲切，进而给游客留下深刻印象。

四、灵活

导游讲解语言的灵活性体现在导游员应具备语言的应变能力，根据不同的对象和时空条件决定讲解的多少、内容的深浅、语言的层次、声音的大小等等，不能一成不变。在讲解中，导游员要灵活使用导游讲解语言，使自己的讲解适应不同旅游者的文化修养和审美情趣，满足他们不同层次的需求。这一要求主要体现在以下四个方面：

（一）内容灵活

许多新导游认为，导游讲解最重要的是背好导游词，把它们背得滚瓜烂熟，张口就来，就是一个合格的导游了。其实实际情况完全不是这样的。一个优秀导游员，应该从游客实际情况出发，在素材积累和语言锤炼的基础上灵活地安排讲解内容，使其深浅恰当、雅俗相宜，努力使每个旅游者都能获得美的享受。河北

省遵化市清东陵文物管理处副处长、曾应邀登上中央电视台第十套节目《百家讲坛》栏目的高级导游赵英健就是一位能够灵活运用导游讲解语言的优秀导游员。为每一位游客讲出一个属于他（她）自己的东陵是她的"拿手绝活"。15年来，相同的古迹、相同的史实赵英健讲了不下千余次，而每一次的导游词绝无雷同：面对机关公务人员，她会以正史为主，讲康熙大帝的廉洁治吏，评雍正王朝的功过是非；接待百姓旅游团，她会结合正在热播的清宫题材的电视剧作品，为孝庄皇太后正名，为慈禧太后平反；而一旦来了小朋友，"还珠格格"其人、"香妃"的故事等便成了主讲的内容……

（二）表达灵活

在导游讲解的过程中，导游员应当事先了解接待对象的知识层次和水平，确定合适的表达方式。如对专家、学者，要注意语言的品位，要严谨、规范；对文化水平较低的旅游者，要力求通俗易懂；对年老的旅游者，力求简洁、从容，语速应当慢一些，重要内容可以多重复几遍；对青年游客，讲解应活泼、流畅，可以使用一些新潮、时尚的语言。

（三）形式灵活

针对不同的旅游者要灵活使用不同的导游讲解形式。对于比较安静、有耐心的旅游者，导游员可以从容地、系统地、按部就班地进行讲解，把景点讲透讲全，满足他们强烈的求知欲；对于文化层次不高、不习惯安静聆听的旅游者，可以运用讲故事的形式进行讲解，调动客人的积极性，这比苍白、生硬的程式化讲解更有说服力和感染力；对于比较活泼好动的旅游者，可以多采用问答的形式进行讲解，以营造活泼的气氛。

（四）时间灵活

导游员要根据季节、气候、时间的不同，根据不同的团队的实际情况，灵活安排和分配导游讲解的时间。例如按照导游服务的一般程序，导游员接到客人后首先应致欢迎词，但有时客人是夜班飞机抵达，困倦不堪，一上旅游车就只想睡觉，这时如果导游员还喋喋不休地致欢迎词，哪怕再生动，也不会受到客人的欢迎，甚至还会遭到厌恶。实地讲解时，导游员也要灵活掌握讲解时机，导游讲解力求与旅游者的所见所闻保持一致，这样既方便旅游者仔细观赏景点，最大限度地使旅游者获得知识和享受，也能使旅游者的注意力集中于导游讲解之中，使导游讲解获得最好的效果。

第三节　导游讲解语言的语音技巧

　　导游讲解语言作为一种口头语言,从导游讲解的性质看,应该是一种艺术语言,必须讲究语音技巧——音调的高低强弱、语气的起承转合、自然流畅以及节奏的抑扬顿挫,即讲究语言的音乐性。为了充分发挥导游讲解语言的语音技巧的作用,要求导游员努力将导游讲解语言的音调和节奏根据讲解对象的具体情况和不同的时空条件运用得恰到好处,以求达到传情、传神的目的。

一、巧用声音

　　无论是口头语言,还是书面语言,都有一个"声音"的问题,即读起来顺不顺口、听起来悦不悦耳。人们之所以喜欢百灵鸟,讨厌乌鸦的嘶叫,原因就在于百灵鸟声音欢快、清脆、悦耳,而乌鸦的声音沙哑、沉闷、哀伤。当然,音质是天生的,很难改变,然而,正确运用声音的技巧,却是每个人都可以学到的,有些还能达到很高的艺术水平。意大利一位著名演员上台表演数数字的节目,从1数到100,当时观众认为这个节目平淡无奇,实在没有意思,可是这位演员一念,竟把全场吸引住了。观众听到的仿佛不是枯燥的数字,而是一个发自内心的倾诉,使人大为感动。这位演员表演成功的诀窍很简单:在数数的时候,巧妙地运用了声音的技巧,充分发挥了它的传情作用。因此,要使自己的语言收到"声入心通"的效果,就要善于运用声音的技巧。

　　德国人哈拉尔德·巴特尔指出:"讲话的艺术在于适中。"作为口头语言的导游讲解语言在运用时必须掌握"适中"这个原则。适中,就是要求导游员在导游讲解时音量要适度,以旅游者听清为准(必要时可借助扩音器),避免声音过高、音量过大造成噪声;而声音太低,不仅让人听起来费劲,还会给人一种讲解无把握、缺乏信心的印象。

　　导游讲解语言作为一种艺术语言,要求导游员的导游讲解要注意语音的优美、自然和变化。悦耳动听的语音,会使聆听者感到亲切、愉快,从而产生感染力,打动旅游者的心弦,激发他们的游兴。

二、掌握语调

　　任何语言都少不了要用抑扬顿挫、起伏多变的声调和语调来表现和传达自己的情感。英语、法语、日语等语言如此，汉语更是如此。在现代汉语中，语调是以声调为基础的。每个音节都有四个音调（有的还有轻声），即阴平、阳平、上声、去声，这"四声"又分为"平声""仄声"，平仄的对应和交错就形成了语言的抑扬之美。古代汉语诗词歌赋都极讲究平仄等"格律"。现代诗文虽不讲"格律"，但说话和写文章同样需要讲究声音的节奏美。语言大师老舍先生说："我写文章，不仅要考虑每一个字的意义，还要考虑到每个字的声音。不仅写文章是这样，写报告也是这样。我总希望我的报告可以一个字不改地拿来念，大家都能听得明白。虽然我的报告作的不好，但是念起来很好听，句子现成。比方我的报告当中，上句末一个字用了一个仄声字，如'他去了'；下句我就要用个平声字，如'你也去吗？'让句子念起来叮当地响。好文章让人家愿意念，也愿意听。"（老舍《关于文学语言问题》）

在导游活动中，书面导游讲解语言要讲究语调变化，口头语言则要善于运用语调变化，语调平平的导游文字读起来缺乏活力；语调平平的导游讲解，听起来则缺乏生气，味同嚼蜡。因为"人的各种感官都喜欢变化，同样的，也都讨厌千篇一律。耳朵因为听到同一种连续的声调会感到不舒服"。(《古典文艺理论译丛》1958年第2期）在导游讲解中，有高潮，也有低潮，在高潮时，音色应明亮些、圆润些；在低潮时，音色应深沉些、平稳些。抑扬高低的语调变化往往能使语言具有音乐般的节奏感，使人爱听。关于语调的问题，德国导游专家哈拉尔德·巴特尔在其著作《合格导游》（旅游教育出版社1988年9月出版）中说："尽管每个人的声音都有自己的特点，但每个人都可以赋予自己的声音以尖锐的、刺耳的或平稳的不同音调。瓮声瓮气的或有气无力的声音会起到阻碍作用，使人感到不快。如果你是属于这种声音的不幸之人，不要感到沮丧，通过录音练习，至少可以削弱这一缺陷的锋芒。"导游的语音、语调等都要与自己的积极向上"合拍"，使用的语调最好是不高不低和具有谅解性的，并适当以情发声，以声带情，使之声情并茂而无矫揉造作之感。

三、调节音量

音量是指声音的强与弱。在导游过程中，如何调节好自己声音的音量，是语言表达的又一技巧。首先，要根据游客多少及导游地点、场合来调节音量。游客多时，音量要以使离你最远的游客听清为度，游客少时音量则要小一些。在室外讲解，音量要适当大些，在室内则要小一些。因此，导游人员平时要注意练声，从低声到高声分级练习，以便在不同的情况下掌握说话音量的大小。其次，要根据讲解内容调节音量，一是将主要信息的关键词语加大音量，强调其主要语义。例如："我们将于八点五十分出发。"这里主要是强调出发时间，以提醒游客注意。二是故意压低嗓门，先抑后扬，造成一种紧张气氛，以增强感染力。例如："（轻声）这天晚上，天黑得不见五指，庙里静得出奇。突然，一阵电闪雷鸣划破夜空……"可见，音量大小调节得当，能增强语言的表达效果。但要注意的是，音量调节要以讲解内容及情节的需要为基准，该大时大，该小时小，绝不能无缘无故用高声（尖声）或低声，不然便有危言耸听之嫌。

四、控制语速

导游讲解，如果一直用同一种速度往下讲，像背书似的，不仅会缺乏情感色彩，而且使人乏味，令人昏昏欲睡。因此，导游讲解应善于根据讲解的内容、游客的理解能力及反应等来控制讲解语言速度。美国著名演说家费登（Ferden）和汤姆森（Thomsen）在其所著的《讲演的艺术经验》一书中说："关于讲演速度，所应遵循的原则，就是随时注意变化。"在导游讲解中，语速的基本规则是：

放慢语速：需要特别强调的事情，想引起游客注意的事情，严肃的事情，容易招致疑惑误解的事情，以及数字、人名、地名、人物对话，等等。

加快语速：众所周知的事情、不太重要的事情、故事进入高潮时，等等。

讲解语言速度的快与慢是相辅相成的，必须注意节奏急缓有致。讲太快了，像连珠炮似的，听者竖起耳朵，集中注意力听，时间一长，精神高度紧张，特别容易疲劳，注意力自然就会涣散。相反，太慢了，不能给人以流利、舒畅的美感。一般来说，讲解的语速应该掌握在每分钟 200 个字左右。但对年老的游客要注意放慢语速，以他们听得清为准。在导游讲解中，尤为重要的是，要善于根据讲解内容控制语速，以增强导游讲解语言的艺术性。

 案例分析

请看实例："光绪的凄苦，只有他的贴身太监王商能领会，一天晚上，王商趁慈禧熟睡之机，买通了看守珍妃的宫女，偷偷地将珍妃带到了玉澜堂同光绪见面。相见之下，两人有诉不尽的衷情、说不完的心里话，真是难舍难分。月过中天了，珍妃还不忍离去，真是相见时难别亦难啊。"讲这段话时，语速应沉重、迟缓一些，但当讲到后边一段时，就要注意加快语速，以渲染紧张气氛："就在这时，殿外传来小太监的咳嗽声，王商一听，不好！慈禧太后来了，怎么办？珍妃此时再走已来不及了……"

由此可见，充分利用讲解内容即配合内容来调整语速，该快就快，该慢就慢，是控制语速的重要方法。要使讲解语言入耳动听，就必须注意控制语速，控制语速的技巧并不难掌握，把音节拉长，速度就慢；把音节压缩，速度就快。

五、注意停顿

停顿是导游员讲解中短暂的中止时间，所谓"中止时间"不是指物理时间，而是就心理时间而言的。中止时间的长短难以规定秒数。导游讲解时，并不是讲累了需要休息一下，才停顿片刻而沉默，而是为了使讲解能收到心理上的反应效果，突然故意把话头中止，沉默下来。假如你一直滔滔不绝，口若悬河地说个不停，不但无法集中游客的注意力，而且也会使你的讲解变成催眠曲。反之，如果说话吞吞吐吐，老半天才说出一句话，或在不该停顿的地方停顿了，不仅会涣散游客的注意力，而且容易使人产生语言上的歧义。因此，这里所说的停顿，是指语句之间、层次之间、段落之间的间歇。据专家统计，最容易使听众听懂的谈话，其停顿时间的总量，约占全部谈话时间的35%~40%。

导游员讲解停顿的类型有多种，举例说明如下：

（一）语义停顿

它的原则是，一句话说完要有较短的停顿，一个意思说完要有较长的停顿。例如："由于历史的变迁，/当年的魏国公府早已毁坏了。‖现在的瞻园，/是当年魏国公府仅有的遗存，/是当年府内西花园的一部分。‖清朝时，这处遗园被改为藩署衙门，/乾隆皇帝南巡时，曾经在这里游览。‖如今，青砖洞门上，那'瞻园'二字，/就是乾隆皇帝的御笔。"‖（/表示较小的停顿，‖表示较大的停顿）由于有了这些停顿，导游员才能有条不紊地把层层意思交代清楚。

（二）暗示省略的停顿

不直接表示肯定或否定，只用停顿来暗示，让游客自己判断。例如："请看，那边一线起伏的山峦像不像一条龙？‖后边的几座小山丘像不像九只小乌龟？这就是一龙赶九龟的自然奇观。|"

（三）等待游客了解的停顿

先说出令游客好奇的话，再停顿下来，使游客处于应激状态。例如："现在，这里仍保留着用人祭祀河神的习俗，他们每年都要举行一次祭祀盛典。举行仪式时，众人将一位长得十分漂亮的小姑娘扔进河水之中。"导游员说到这里，故意停了下来。此时，游客脸上现出了惊疑的神情，难道如今这里还保留着如此野蛮不人道的风俗？停了一会儿，这位导游员接着说："不过，这位姑娘是用塑料制作的。"游客们恍然大悟。恰到好处的停顿，能使后续的话语产生惊人的效果。

（四）强调的语气停顿

美国的戴尔·卡耐基（Dale Carnegie）在《语言的突破》中叙述了林肯用停

顿进行强调的经验："林肯在讲话时，经常说着说着就把话头从中间切断，每当他讲到重要地方，为了加深听众内心的印象，他就使出'切断话题'这一招，而暂时沉默一下，凝视听众的眼睛。为了使自己的内容和意义能深刻地印在听众的心里，唯一能使他达到这一目的的，就是他所具备的沉默，因为沉默加强了他说话的力量。"

尽管这是关于演讲的经验之谈，但对于导游讲解同样有着重要的借鉴作用。总之，导游员讲解时注意停顿，可以使语言变得流畅而有节奏，收到"大珠小珠落玉盘"的效果。

第四节　导游讲解语言的修辞技巧

修辞，又称辞式、修辞格，它是在运用口头语言和书面语言中创造的增强表达效果的格式。恰当地运用修辞，能使导游讲解语言鲜明生动，更加艺术化。下面介绍几种在导游讲解语言中常用的修辞手法。

一、比喻

比喻，就是用相似的事物来打比方。所谓相似，可以是外在的，如形式、颜色、气味、声音等；也可以是内在的，如性质、作用、感情等，正如刘勰在《文心雕龙》中所说："或喻于声，或方于貌，或拟于心，或譬于事。"比喻是修饰语言最常用的方法。

（一）使抽象变形象的比喻

如："苗家姑娘特别喜欢唱歌，她们的歌声就像百灵鸟的声音一样清亮动听。"歌声在这里是一种抽象的概念，这一比就形象化了。

（二）使人物形象鲜明的比喻

如："相传八仙之一的何仙姑，长得十分有姿色，她最喜欢穿绿色的衣裙，亭亭玉立，就像一株吐艳的荷花。"句中将何仙姑比喻为荷花，突出了何仙姑的姿色之美。再如："屈原的爱国主义精神和《离骚》《九歌》《天问》等伟大的诗篇与日月同辉，千古永垂！"这里将屈原及其作品比喻为"日月"，使其形象更加突出。

（三）使景物形象化的比喻

如："从岳阳楼观赏洞庭风光，你就会觉得，洞庭湖就像一只偌大的银盘，远处的君山就像一只镶嵌在其中的青螺⋯⋯"句中把洞庭湖比作银盘,把君山比作青螺,形象地勾勒出了这两处景物的风貌。再如"如果说,云中湖是一把优美的琴,那么,喷雪崖就是一根动听的琴弦。"这里将云中湖比喻为琴,将喷雪崖比喻为琴弦,显得既贴切又形象。

(四) 充满丰富想象的比喻

如果说想象是翅膀,那么精彩的比喻就是翅膀的羽毛。请看一段描写镜泊湖吊水楼瀑布的文字导游:"在浓阴蔽日的密林中走不多远,你就可以看见气势磅礴的大瀑布,它像轰雷、骤雨、飞珠、崩玉,雪浪花似的泡沫,跳荡着、咆哮着、溅起的水珠儿,蘑菇云似地冲向天空,然后化作轻纱般的薄雾,在阳光照射的特定角度下,你可看见彩虹般的景色。"这些比喻,给人以无穷的遐想,让人有身临其境的感觉。

(五) 使语言简洁、明快的比喻

如:"莲蓬的形状是个圆锥体,底朝上,尖端和茎子连接着,顶上有许多小窟窿。"这段话如果用比喻,就可简化为:"莲蓬的形状就像一个喷壶嘴。"既简练明快,又具体形象。在运用比喻时,必须注意几点:

1. 要就熟取喻,就近取喻

要选熟悉的、通俗的事物来比喻陌生的事物或深奥的道理,也就是"以易喻难",使人容易理解。如果"以难喻易"或"以难喻难"就失去了比喻的意义,反而越比越糊涂。

2. 要以异显同,即本体与喻体有本质的不同,但又有相似点

例如:"城隍庙就像你们东京的浅草一样。"虽然有"像",但不是比喻,而是比较,比较的前后是同类事物,而比喻的前后不是同类事物。

3. 力求新颖,不落俗套

自古以来,把西湖比喻为"玻璃""镜""明月"等等的人不少,但第一个把西湖比喻为春秋时代越国绝代佳人西施的唯有宋代大诗人苏东坡,他以"若把西湖比西子,淡妆浓抹总相宜"的诗句形象地概括了西子与西湖的美质。此外,"西湖""西施"又都有一个"西"字,亦增情趣。由此可见,新颖的比喻,给人的艺术感染力是十分强烈的。

二、比拟

比拟,又称"假拟",是根据想象把物拟作人,把人拟作物,或者把甲物拟作乙物的修辞方法。在导游讲解语言艺术中,最常用的是拟人。

(一) 使情景交融的比拟

如:"看,山上的迎客松正在微笑着,向我们伸出了热情的手,欢迎各位远

道而来的客人呢。""迎客松"是植物,被赋予人的思想感情之后,会"微笑",会"伸出热情的手",这样就增加了形象性。

(二)烘托气氛的比拟

如:"舜帝南巡时,他的两个妃子娥皇、女英追踪到了洞庭山。在这里,她们得到了舜帝死于苍梧的消息,顿时,两个妃子悲恸欲绝,泪水顿作倾盆雨,满山的翠竹也和她们一起发出了阵阵揪心的呜咽声……"这里把"翠竹"人格化,烘托出悲痛的气氛,使人为之心动。

运用比拟时,必须注意三点:

1. 要符合事物特征

如:"傍晚时分,你们可以看到'金蝉操琴蝴蝶舞,青蛙蝈蝈敲锣鼓'的情景。"这里所说的都符合"金蝉""蝴蝶""青蛙"和"蝈蝈"的特征,如果改为"蝴蝶操琴青蛙舞"就成笑话了。

2. 表达要恰当、贴切

如:"将军岩矗立在这里,庄严地俯视着脚下起伏的山峦,像在检阅千军万马。"如果这样说:"将军岩亭亭玉立地站在那里,似在翘盼丈夫的归来。"这就显得不伦不类了。

3. 要注意语体特点

拟人的手法在讲解景观及其故事传说时常用,但在类似简介的说明文体中一般不用。

三、夸张

夸张,是指在客观真实的基础上,对事物进行夸大或缩小的描述。在导游讲解语言艺术中,夸张可以强调事物的特征,鲜明地表现出导游人员的情感,引起人的共鸣,正如高尔基所说的:"夸大好东西,使它显得更好;夸大有害类的东西,使人望而生厌。"同时,夸张还能唤起人丰富的想象。譬如:"相传四川、湖北两地客人会于江上舟中,攀谈间竞相夸耀家乡风物。四川客人说'四川有座峨眉山,离天只有三尺三',湖北客人笑道'峨眉山高则高矣,但不及黄鹤楼的烟云缥缈。湖北有座黄鹤楼,半截插在云里头'。惊得四川客人无言以对。"这里用夸张的手法形容黄鹤楼的雄伟、壮观,使游客对黄鹤楼"云横九派""气吞云梦"的磅礴气势有了更深的认识。

夸张的表现形式主要有如下几种:

(一)通过比喻形式进行夸张

如:"龟蛇酒喝了延年益寿,几盅下肚就会产生飘然若仙的感觉。"这里用"飘然若仙"来夸张地讲述龟蛇酒的功效,使人对龟蛇酒产生一种神秘感。

（二）通过比拟进行夸张

如："海水湛蓝湛蓝的，蓝得使人见了恨不得变成一条鱼，钻进波浪里尽情嬉戏。"通过"恨不得变成一条鱼"的比拟，夸张海水的湛蓝。

（三）通过神化进行夸张

如："三国时期，张飞和关羽曾在这礁晓峰下棋，忽然上有一巨石落下，关公抬头看见，顺势将手中一颗棋子扔过去，把即将下落的巨石阻在半腰。张飞见了大声喝彩，不料喝彩的声浪把边上另一块巨石冲断了一半。现在，就在他们下棋的石桌边，还有一块'喝断石'。"这一段文字通过神化的手法，夸张了关羽和张飞的神勇。

在运用夸张的修辞手法时，必须注意两点：一是要以客观实际为基础，给人以真实感。如："七仙姑的泪水就像泉水似地从脸上流了下来。"这类脱离实际的夸张，只能给人以虚假、浮夸之感。刘勰在《文心雕龙·夸饰》中说过："夸而有节"，也就是说，夸张要掌握分寸，不能毫无根据地乱说。二是要明确、显豁。夸张的奥妙在于不似真实，胜似真实，要一眼就能看出。

四、引用

引用，是指用一些现成的语句或材料来说明问题。在导游讲解语言艺术中，它能使语言生动活泼，丰富多彩。说话中引用名人名言、古今中外典故、寓言、谚语、诗句文章，往往能生动感人，并能增强说服力。

引用可分为明引、意引、暗引。

（一）明引

即正面、明白地引用原句，又叫"正引"，它的特点是出处明确，说服力强。如："三塔寺，建于唐开元年间，是历史上大理的第一座大寺院。明末阮元声在《南诏野史》中写道：'佛一万一千四百，屋八百九十，铜四万零五百五十斤。'可见当时规模之大。"这里明引了《南诏野史》中的一段史料，说明了三塔寺在当时的规模之大。

（二）意引

即只引原话（原文）的主要意思，而不引原话的词句。例如："国内外洞穴专家考察后确认，湖北腾龙洞不仅是中国目前已知最大的岩溶洞穴，而且是世界特级洞穴之一，极具旅游和科研价值。"这里引用的专家对腾龙洞的评价虽不是原话，但同样具有较强的说服力。

（三）暗引

即把别人的话或语句，直接组织在自己的话里，不注明出处。这能修饰自己的语言，并增添一定的感染力。例如：

"现在的杜甫草堂,仍在杜甫当年'八月秋高风怒号,卷我屋上三重茅'的旧址上。一千多年来,规模几度变更,但'清江一曲抱村流,长夏江村事事幽'的田园风光仍旧依然。这里的一花一木、一溪一水无不洋溢着诗情画意。"这里暗引了杜甫的诗句,交代了杜甫草堂的背景。

运用引用时要一丝不苟,恰到好处,不要断章取义,随意删节和过多过滥地引用。

五、换算

换算,是把难懂的或需要特别强调的数字加以形象化的描述。在导游讲解语言艺术中,它能把枯燥无味的数字或需要特别强调的数字变得具体可感、生动活泼,给人以极其深刻的印象。

例1:现今,北京的面积为一万六千八百平方公里,可以说有二十四个香港那么大。

例2:明万历三十七年(1609)重修二大殿,仅采木一项,就费银九百三十余万两,约合当时八百多万"半年糠菜半年粮"的贫苦农民一年的口粮。

例3:故宫规模宏大。假如安排刚出生的孩子在每个宫室里各住一夜,当他把所有宫室都住一遍后,他就成了一位二十七岁的青年。

例1的换算对于香港游客来说是比较适合的,能使他们对北京的面积概念有比较感性的认识。例2可以使人明确地感到当时封建帝王为修故宫搜刮民脂民膏和耗费的财力。例3既形象又生动,使人感到故宫规模之庞大。

在导游讲解语言艺术中巧妙地运用数字换算,的确能给游客提供一幅"大体图像",但要注意数字本身的准确无误,同时换算必须正确,否则会引起误解。

六、映衬

映衬,是把两个相关或相对的事物,或同一事物的两个方面放在一起,让它们相互衬托,相得益彰。在导游讲解中运用映衬的手法可以增强口语表达效果,激发游客的情趣。譬如:"太乙洞(咸宁)厅堂宽敞、长廊曲折、石笋耸立、钟乳倒悬,特别是洞中多暗流,时隐时现、时急时缓,水声时如蛟龙咆哮,闻者惊心动魄;时如深夜鸣琴,令人心旷神怡。"这里"宽敞"和"曲折"、"耸立"与"倒悬"、"隐"和"现"、"急"与"缓"、"蛟龙咆哮"和"深夜鸣琴"形成强烈的对比,更加深了游客对洞穴景观的印象。

在导游员讲解时,可从内容和形式两个方面运用映衬手法。

(一)巧妙安排讲解内容

如:"天下观日出的胜地很多:海南'天涯海角'地处中国最南端,那里碧波万顷,水天相接;泰山地处华东,眼底一马平川。这里是南岳祝融峰的观日台,地处南国,眼下却是千山万壑。在这里看日出,别有一番景象。"这里,导游员用天下闻名的观日出胜地进行对比映衬,可以激发游客的兴趣。

(二)讲解形式多样化

在讲解的表达形式上,语气可先重后轻,语速先慢后快,语调先低后高,或反向映衬。比如:"只听得轰隆一声巨响……"在处理"轰隆"一词时,采取先轻后重的映衬手法,其效果要比大吼一声"轰隆"好得多。

第五节 幽默语在导游讲解语言中的运用

幽默风趣的语言如果运用得当,能活跃气氛、提高游兴。它使导游讲解锦上添花,使旅途气氛更加活跃;在团队遇到问题时,幽默可以稳定情绪,保持乐观,淡化忧愁和烦恼;幽默还是一种处理问题的手段,它可以消除人际关系中的不快,可以缓解甚至摆脱窘境。与此同时,导游讲解也要避免滥用幽默。使用幽默时不要牵强附会,不要伤害旅游者的感情,更不要涉及较为敏感的政治、宗教等问题,避免造成误会。幽默运用不当也会影响导游员的形象,使旅游者感到导游员趣味低级,品位不高。

这类导游讲解语言的特点是:以浓厚的趣味思想来认识和解释事物,语言机智、诙谐,充满活力,富有情趣,蕴藏着一种乐观向上的精神力量,使人听了格外开心且耐人寻味。

 **案例分析**

(进入午门之后)进了故宫,大家首先看见的就是人……为什么这么多人来到这里呢?因为明朝永乐年间,100万劳工花了14年的时间修筑起来的故宫是世界上最大的宫殿,非常有名。每天都有数万游客来这里观光。

故宫的面积是天安门广场的两倍,比凡尔赛宫还大,是日本平安神宫的十倍左右。故宫的历史开始于五百七十年前,请大家把思绪拉回到五百七十年前来游览故宫吧!

这个建筑是故宫朝南的大门,叫作午门,午是正晌午的午,是位于正中的意思。午门的下面,有五个拱门,正中间的门只有皇帝才能出入,即使地位很高的大臣，也只能使用两端的小门。这些都是根据身份、等级来严格规定的。只有皇帝在结婚的时候，皇后才能从午门进入一次，其他女性一律禁止出入午门。当然现在是谁都可以进啦。对皇帝的心腹都是这样的严厉，一般的百姓就更不用提啦，连靠近故宫都不行。所以，这个故宫被称作紫禁城。紫是紫色的紫。过去有天帝在紫宫中生活的传说，皇帝认为：老子不是旁的东西，老子就是天帝之子，老子住的地方当然也得是紫色的宫殿。于是，用了个紫字。禁就是禁止入内的禁字，也就是禁止随便进入的意思。

请大家从石台上回头看广场，我们进了故宫之后还没有见过树，为什么在这么宽阔的地方连一棵树都不种呢？……不是为了防止暗杀，而是为了制造气氛。如果种了树，郁郁葱葱一片绿，鸟儿在上面又唱又叫的，就会呈现生活的气息。如果不种树，就会产生庄严的气氛。我们来想象一下：过去大臣要见皇帝时，全都得从天安门走着进来，走在宽阔的路上，看着高大的建筑，在庄严肃穆的气氛中，大臣就会越走越感到压力沉重，当走到皇帝面前时，就会自然地双腿打着哆嗦跪下来。

中国历史上最后一个皇帝——爱新觉罗·溥仪是3岁时当上皇帝的，他即位时的御座就在太和殿的正中。

现在开始五分钟的自由活动，五分钟后到那凉快的地方集合。（全国优秀导游于柏林《故宫导游词》）

从这段导游词中我们可以想见，导游员是一位性格开朗、活泼，对生活充满乐观，对事物有着浓厚兴趣的人，正因为他具有这种个性，所以他的导游讲解语言具有幽默诙谐、妙趣横生的特点。他在讲解中打破了介绍文物资料的局限，不胶柱鼓瑟，不照本宣科，不拘泥于具体细节的精确性，但却具有艺术的真实性。他运用夸张、模拟、比喻、想象、歪解等语言艺术手法（包括幽默艺术手法）进行讲解，显得有声有色、有滋有味。

与这类艺术风格相应的缺点是油腔滑调。在该严肃、庄重的时候偏偏说俏皮话，这样就使人感到不认真、不亲切，所得的印象也势必浮浮泛泛、支离破碎。这是具有幽默诙谐风格的导游员必须注意的问题。

本章关键词

导游讲解语言　用词技巧　语音技巧　修辞技巧　幽默语

课后练习

一、填空题

1. 导游讲解语言的逻辑性是指导游人员的语言要符合思维的规律性，即语言表达要保持_____性，要有_____性。

2. 导游人员的讲解语言主要的逻辑方法有比较法、_____、_____、_____、_____与归纳法。

3. _____是思想性、科学性、知识性、趣味性的结合体。

4. 导游讲解语言中常用的修辞手法有_____、_____、_____、_____、_____、_____。

二、单项选择题

1. (　　)是导游服务的重头戏，也是旅游活动的核心内容。
A. 沿途导游讲解　　B. 景区景点讲解　　C. 文化娱乐活动　　D. 品尝风味餐

2. "看景不如听景"体现了导游讲解语言用词技巧运用原则中的(　　)。
A. 清楚　　　　B. 生动　　　　C. 灵活　　　　D. 正确

3. 以下哪项属于导游讲解语言的语音技巧中的巧用声音。(　　)
A. 抑扬顿挫　　B. 音量大　　　C. 语速快　　　D. 一口气讲完

4. 导游讲解语言的生动是指导游员用具有活力的语言去打动人心，引起旅游者的(　　)。
A. 好感　　　　B. 好奇　　　　C. 共鸣　　　　D. 高兴

5. 导游讲解语言的用词技巧的四原则是(　　)。
A. 简洁、正确、清楚、生动　　　B. 正确、清楚、生动、灵活
C. 恰当、清楚、正确、灵活　　　D. 简洁、恰当、清楚、生动

三、问答题

1. 什么是导游讲解语言？
2. 导游讲解语言正确性具体表现在哪几个方面？
3. 导游员在导游讲解时如何做到讲解生动？
4. 幽默语在导游讲解语言中的特点是什么？

第四章　导游交际语言

本章概览

导游交际语言是一门艺术，它是衡量导游接待质量的重要标志。导游在接待工作中应掌握各种交际语言的内容和表达技巧，使导游交际语言更富感染力，在思想、情感及信息上达到与游客有效地沟通的目的。

第一节　导游交际语言的基本要求

交际，是人与人之间的往来接触。在导游服务中，导游人员主要是同游客和相关接待单位有关人员进行接触，而接触过程中，语言是最基本、最重要的工具，语言表达方式、方法和技巧对接触效果都会产生影响。因此，为了同游客（主要接触对象）及相关接待单位友好相处，导游人员应不断提高自己的导游交际语言技能。

导游交际语言包含的内容很多，如见面时的语言、交谈时的语言、致辞（欢迎词、欢送词）以及导游人员同游客交往中导游人员对游客进行劝服、提醒、拒绝、道歉的语言等。

导游人员要想做好导游工作，必须学会与各种旅游者进行交往，需要导游人员掌握导游交际语言的基本要求。其基本要求主要体现在适时、适量和适度三个方面。

一、适时

适时，指导游与游客的交往语言运用要在合适的时间，避免该说时不说。如有的导游讲解时不致欢迎词，导游结束时不说结束语。还有的导游在该止时不止，如在旅游者很疲劳时仍滔滔不绝地讲解。

二、适量

导游与游客的交际语言要适量，不宜过多。音量要适宜。导游语言如果过于啰唆，会给游客一种没话找话、很无趣的感觉。关键在于导游与游客交往时候的语言把握尽量适量原则，记住过犹不及。

三、适度

适度，主要是指导游人员要根据不同的旅游者把握交际语言的深浅度，根据不同场合把握交际语言的得体度。

视野拓展

提高人际交往水平的 24 条方法秘诀

怎样处理好人际关系，怎样才能给别人提供他们所需要的东西，这是每一个人际交往者所关心的。下面是处理好人际关系的 24 条方法秘诀，当我们遵照这些法则行事时，我们就能增加自己的关系账户上的财富。

1. 尽可能鼓励别人。你要称赞他获得的成果——即使是很小的成功。称赞如同阳光，缺少它我们就没有生长的养分。你的称赞永远都不会多余。

2. 你要在任何时候都让别人保留脸面。不要让任何人感到难堪，不要贬低别人，不要夸大别人的错误。

3. 在别人背后只说他的好话。如果你找不到什么好话说，那你就保持沉默。

4. 仔细观察别人，那样你就会发现他做的好事。当你表示赞许的时候，你要充分说明理由，这样你的称赞就不会有谄媚之嫌。

5. 你要经常引用别人高尚的思想和动机。每个人都希望被别人认为是宽宏而无私的，如果你希望别人有所改善，那么你就做出仿佛他已经拥有了这些优良品质的模样。那样，他会尽一切可能不让人失望的。

6. 你尽可能不要批评别人，不得不批评的时候也最好采取间接方式。你要始终对事而不对人。你要向对方表明，你真心喜欢他也愿意帮助他。你永远也不要以书面形式批评别人。

7. 你要允许别人偶尔自我感觉良好。你不要吹嘘，而要承认自己也有缺点，你要谦虚谨慎、戒骄戒躁。如果你想树敌，你就处处打击别人。如果你想得到朋友，你要得饶人处且饶人。

8. 当你犯了错误的时候，你要及时道歉；当你要受到指责的时候，你最好主动负荆请罪。

9. 你要多提建议，而不是发号施令。这样做，你可以促进合作的关系，而避免引发矛盾。

10. 当别人发怒的时候，你要表示理解。他人的怒火常常只是为了引起你的注意。你要给予别人足够的同情和关注——他们需要这些。

11. 你要尽可能少说话。你要给别人诉说的机会，而自己甘做一个好的听众。

12. 你不要打断别人的话，即使当他说错了的时候。当他心里还有事的时候，是不会耐心听你诉说的。

13. 你要试着从别人的立场上分析事情。印第安人说过："首先要穿别人的鞋走上一段路。"你不要忘了问自己：他这样做是出于什么原因？理解一切意味着宽恕一切。

14. 你不要总是有理。你可以比别人聪明，但是你不要告诉对方。你要承认也许是自己错了——这样可以避免一切的争吵。

15. 常常赠送一些小礼品——可以没有任何理由的，需找让别人快乐的途径。在礼物上花费的精力表明了你在他身上花费的心思。

16. 在发生矛盾的时候，你要保持镇静。你首先要倾听对方的意见，努力寻找双方一致之处。你还要用批评的眼光看待自己，向对方保证考虑他的意见，并对他给予自己的启发表示谢意。

17. 你要对别人表示真正感兴趣。你要将此作为自己的口号：对别人感兴趣，而不是自己显示出有趣。你要表示自己正在思考帮助对方的方法。

18. 保持微笑。没有比那些从不对别人微笑的人更需要微笑的了。

19. 要始终称呼对方的全名。这表明你对他的尊重。每个人都愿意听到自己的名字，这比听到任何一个名字的代替品都更让他高兴。当然，为此你要努力记住对方的姓名。

20. 你要学会从对方的角度来看待事物。你要问自己：真正需要的是什么？我如何能够从他那里得到？

21. 你要想办法使自己在和每一个人谈话时，包括在电话中，都让对方有好的感觉——首先是对他自己，然后是对你的行为，最后是对你。

22. 要尽快宽恕别人，不要记仇。

23. 当你想到对方时，要给予他你最好的。

24. 以诚待人，宽以待人。

第二节　导游交际语言的运用技巧

导游交际语言的常用技巧主要体现在导游交际的各个环节，就是要充分调动语言交际的各种表达技巧，营造出一种融洽的交际气氛，特别是要注意讲究导游语言交际中称呼、问候、交谈、寒暄、置疑、应对、说服、拒绝、接近、慰藉、赞扬、叮嘱、引导、讲解、告别等各个交际环节的表达技巧。本节主要讨论称呼、寒暄、介绍、喊人、交谈、开场、结束、引导等常用交际技巧。

一、称谓的语言技巧

一般情况下，导游人员对游客的称谓经常使用3种方式。

（一）交际关系型

交际关系型的称谓主要是强调导游人员与游客在导游交际中的角色关系，如"各位游客""诸位游客""各位团友""各位嘉宾"等，这类称谓角色定位准确，宾主关系明确，既公事公办，又大方平和，特别是其中的"游客"称谓是导游语言中使用频率最高的一种。

（二）套用尊称型

套用尊称型是在各种场合都比较适用，对各个阶层、各种身份也比较合适的社交通称，如"女士们、先生们""各位女士、各位先生"等，这类称谓尊称意味浓厚，适用范围广泛，回旋余地较大。但一般对涉外团较好，对国内团有点太正规。

（三）亲密关系型

多用于比较密切的人际关系之间的称谓，如"各位朋友""朋友们"等，这类称谓热情友好，亲和力强，注重强化平等、亲密的交际关系，易于消除游客的陌生感，建议在和游客熟悉了后再用此称谓。

在旅游活动中，对游客的称谓总的原则应把握三点：一要得体，二要尊重，三要通用。

二、称呼语言运用原则

（一）得体原则

得体，就是要根据不同游客的身份、不同导游交际场合的特定氛围进行恰当的称谓。称谓可以视游客的具体情况而加以灵活变化。如果游客属于一个中学生团体，可以直接称呼"同学们"；如果是一个教师旅游团，就可以称呼"老师们"；还有"教授们""警察同志们""亲爱的同乡们"（与导游员是同乡）等。另外还可以根据特定的导游交际场合使用恰如其分的称谓。如果是导游员对全体游客的场合，其称呼的使用可以正式一些，可以使用上述各种称谓语；如果导游员与游客熟悉以后，在一对一或一对少的场合或者在交际气氛十分活跃的时候，那么就可以使用比较随便、随和一点的称谓语。

（二）尊重原则

不论对什么文化背景、什么类型的游客，不论在正式场合还是在非正式场合，不论导游员所使用的称谓语是比较正式一些的还是比较随便一些的，都必须充分体现对游客的足够的尊重，如果把握不好这个分寸，就会导致交际的失败。

（三）通用原则

一般情况下，导游交际中的称谓语要注意多使用那些适应范围比较广泛、适应对象比较灵活的称谓语，这类称谓语弹性较大，游刃有余，使导游交际具有更大的回旋余地。如偶尔遇到一些比较特殊的游客，比如对那些不太喜欢在对他们的称谓中涉及其年龄、性别甚至职业的游客，导游员就更要讲究使用一些具有中性特征的称谓语，如"游客们""朋友们""各位嘉宾"等等。

三、寒暄的语言技巧

寒暄，是社交中双方见面时互相问候的应酬话。寒暄好像是乐曲的过门儿，并不是无足轻重的，实际上，巧妙的寒暄是准备导游讲解的最好的铺垫。所以寒暄不是简单的打招呼，也不是轻描淡写的问候，而是一种必要的沟通。在导游交际过程中，导游员与游客见面伊始，都要说上几句应酬话，从而沟通彼此的感情，创造一种和谐的气氛。

（一）寒暄的常见类型

1. 问候型

（1）典型问候型

典型的说法是问好。常说的是"你们好""大家好"等等，这是近几十年来新型的问候语，也是导游交际过程中用得最多的一种问候语。

（2）传统意会问候型

传统意会问候型主要是指一些貌似提问实际上只是表示问候的招呼语，如："上哪去呀？""吃过饭了吗？""怎么这么忙啊？"等等。这一类问候并不表示提问，只是见面时交谈开始的媒介语，并不需要回答，主要用于熟识的人际之间。在导游交际过程中，比较适用于导游员跟游客熟悉以后的问候。

（3）古典问候型

具有古代汉语风格色彩的问候语主要有"幸会""久仰"等等。这一类问候语书面语风格比较鲜明，多用于比较庄重的场合，在导游交际这一类追求平和、亲近的场合中用得比较少。如果导游员不顾旅行团的各种实际情况，自顾自地跟游客说"久仰！久仰！""幸会！幸会！"很有可能会引起游客的反感，造成一些不良影响。

2. 攀认型

攀认型问候是抓住双方共同的亲近点，并以此为契机进行发挥性问候，以达到与对方顺利接近的目的。导游员与游客接触时，只要留心，就不难发现自己与游客有着这样或那样的共同点，像"同乡""自己喜欢的地方""自己向往的地方""自己认为的人间好去处"等等就是与游客攀认的契机，就能与游客"沾亲带故"。如："大家是广州人，我母亲出生在广州，说起来，我们算是半个老乡了。""大家都是昆明人，我也算是昆明人。我在昆明读了四年书，昆明可以说是我的第二故乡了。"

3. 关照型

关照型寒暄主要是在寒暄时要积极地关注游客的各种需求，在寒暄过程中要不露痕迹地解决游客的疑问或疑难。游客的需求有衣食住行等具体方面的，也有心理感受方面的，如果导游员在寒暄中能够有针对性地关注这些方面的问题，就能够一定程度地解除游客的某些必要的或者不必要的担心，就能有效地活跃游客的情绪。

 案例分析

一个旅游团在冬季来北京观光，恰巧遇上了天下鹅毛大雪，着装、行车、步行、登山等都将受到一定的影响，有的游客对在北京的行程安全比较担忧。这时导游员一定要把握住游客的这种心理问题，不失时机地加以安慰。在启动出行的大巴上进行讲解时就可以不失时机地这样寒暄："亲爱的朋友们，早上好，我想大家一定是真的好！因为北京此时正呈现难得一见的北国千里冰封、万里雪飘的壮观景象。今天实在是个难得的日子，是我们可以亲自去体验毛泽东主席诗句意境的日子。老天就是这么有眼，我们就是这么幸运，给我们送来飘飘的雪花，那么就让我们快乐地上路，去当一次踏雪登长城的好汉吧！"导游员的寒暄讲的是天气，但又将美好的雪景与游客的行程巧妙地结合起来，从而使游客减少了对天气变化所带来的不便的担心，情绪甚至慢慢高涨起来。这种寒暄完全是从关照游客的心理感受的角度出发的，自然也就容易被游客接受。总之，无论是哪一种类型的寒暄，都要掌握好分寸，恰到好处。从交际心理学的角度看，恰当的寒暄能够使双方产生一种认同心理，使一方被另一方的感情所同化，体现着人们在交际中的亲和要求。这种亲和需求在融洽的气氛的推动下逐渐升华，从而顺利地达到交际目的。

（二）寒暄的基本要求

1. 自然切题

寒暄的话题十分广泛，比如天气冷暖、身体健康、风土人情、新闻大事等，但是寒暄时具体话题的选择要讲究，话题的切入要自然。在导游交际中最容易切入的话题就是游客生活当地的地方风物情况，这是导游员必须表示出职业兴趣而游客又必然感兴趣的话题了。

2. 建立认同感

切入了自然而得体的寒暄话题，双方的心理距离就会有效地缩短，双方的认同感就容易建立起来了。

3. 调谐气氛

有了自然而得体的话题，有了认同感，再加上寒暄时诚恳、热情的态度、语言、表情以及双方表现出的对寒暄内容的勃勃兴致，和谐的交际气氛也就自然地创造出来了，这样就为下一步的导游交际打下了良好的基础。

四、介绍的语言技巧

介绍从适用范围划分，一般可以分为对人的介绍、对单位的介绍（如公司介绍等）、对事物的介绍（如景观介绍、特产介绍、展示介绍等等）。这些介绍导游词中都会涉及到，但是基本上属于导游词讲解范围的内容。我们这里只重点讨论自我介绍。自我介绍又分为自我语言介绍、名片介绍、介绍信或工作介绍等多种类型，这里只重点讨论自我语言介绍。自我语言介绍在导游交际过程中是一个十分重要的环节，自我介绍得好，这个导游过程就会有一个良好的开端，否则，因为自我介绍失误而造成的一些不良影响是很不容易挽回的。这就要求导游员必须很好地琢磨一下介绍的技巧，并且还要进一步考虑在介绍中怎样配合恰当的眼神、手势、语气等各种因素，使自我介绍收到理想的效果。

（一）自我介绍的基本要求

1. 镇定自信

清清楚楚地报出自己的姓名，通过用眼神表达出的友善、关怀、愿望等信息来传递自己的自信。如果流露出羞怯心理，会使人感到导游员不能把握自己，这样游客就会对导游员有所保留，与导游员之间的沟通就有了阻隔。

2. 掌握分寸

在自我介绍的时候，难免要进行一下自我评价，但在自我评价时不宜使用"很""最""特别"等程度比较重的词语，不能过度夸奖自己，也不能过度贬低自己，可以采用一些变通的办法，如自谦、自嘲等，通过巧妙地张扬自己，使游客对自己有一个良好的而且深刻的印象。

3. 注意繁简

根据游客关注的重点，注意自我介绍的繁简取舍。一般来讲，导游员的自我介绍主要包括下列几个基本要素：姓名、年龄、籍贯、必要的带团经历、特长或兴趣等等，如有需要，还可以介绍一下导游员自己的导游资格资历。当然在自我介绍时，没有必要将上述内容逐条逐项地说出，而是应该根据具体场合的交际需要决定繁简取舍。游客如果十分感兴趣，可以多介绍一些；反之，就应该少介绍一些。但是不论多少，都应该以给游客留下良好印象为基本目的。

（二）自我介绍的基本方式

一般社交场合，自我介绍的方式主要有自谦型、自信型、紧张型、幽默型4种，在导游交际中也主要采取这4种方式介绍自己。

1. 自谦型

在介绍时采取低调姿态，巧妙地谦虚，使游客在不知不觉之中接纳自己。比如："我叫×××，正在努力学习做一个优秀的导游员。"其中"努力学习做"与"做"的差别是很微妙的，"努力学习做"是谦虚的，给人以一种积极的态势；只用"做"，话就有点满了。"正在做一个优秀的导游员"与"正在努力学习做一个优秀的导游员"相比，还是后者更好些，导游员的主动性也更大一些，因为"正在努力学习做"，不仅容易使游客接受这种积极的态度，而且如果工作中出现一点小问题，也更容易得到游客的谅解，因为导游员的出发点是努力的，是想把工作做好的。自谦，是巧妙地谦虚，如果谦虚过头，会造成两种不良后果：一是会给游客留下虚伪的印象，结果就会很难再取得游客的信任；二是会使游客误认为导游员能力确实低。如果是这样，会在游客心理上造成失落感，会让游客以为这一次倒霉，碰上一个低能的导游员，甚至会对整个行程失去信心。所以自谦时一定要注意分寸，不要弄巧成拙。

2. 自信型

自信实际上是在与游客进行必要的心理交流。游客总是希望遇到专业素质高、服务质量有保证的导游员，而导游员在自我介绍时表现出的自信刚好能给游客以必要的心理慰藉，并能使他们对自己的旅行充满信心。自信并不是骄傲、狂妄。所以导游员在自我介绍时一定要注意表达的语气、词句以及恰当的伴随体态语。有时候，往往可能会因为语气或者动作不当，使导游员本来充满自信的自我介绍被游客理解为自以为是，狂妄不羁。可见导游员在自我介绍时，怎样用词恰当，态度诚恳，彬彬有礼，又避免口出狂言，是要讲究技巧的。

3. 紧张型

紧张型的自我介绍不是导游员个人心理紧张，而是表现出一种紧张的态势。如果巧妙运用，导游员所表现出的诚惶诚恐能在很大程度上赢得游客的同情心，参与意识强的游客甚至会主动出面，帮助导游员消除实际上对导游员来说并不存在的紧张感，这样，反而会使游客享受到成功劝解的喜悦。

4. 幽默型

自我介绍时幽默诙谐，妙语连珠，有时候可以自嘲一下，有时候还可以将自己的名字演绎发挥一番等等，各种巧妙的做法都不仅能给游客留下深刻印象，而且能够很快地创造一种融洽的交际气氛，有效地缩短导游员与游客之间的心理距离。

 案例分析

西安国旅分社的一位导游员曾经这样介绍自己：朋友们，早上好！当太阳升起的时候，我们踏上了陕西这片沃土，也就是过去的三秦大地。我代表关中人民真诚地欢迎大家，我是国旅西安分社的导游×××。为了让大家对我印象深刻一些，我先自我介绍一下。大家看到我鼻梁两侧的深沟了吧，我一般喜欢朝南站着讲解，所以左侧鼻沟颜色深一些，这两条沟可以算是泾河和渭河吧。我的众多的抬头纹好像是关中的条条田垄，而我的眼睛长得比较横，嘴唇又很厚，是典型的陕西人。我想2 000年前的秦代工匠就是依照我的祖先雕塑兵马俑的吧！就是说，看到了我，就看到了活的世界第八大奇迹——兵马俑。由活动的兵马俑来给大家导游，不仅幸运，而且安全。谢谢大家。

参考答案：

案例中的导游员把自己的长相巧妙地与兵马俑联系起来，使游客与西安的心理距离、与兵马俑的心理距离一下子就缩短了，十分有助于活跃交际气氛。

 案例分析

北京青年旅行社的导游员常平祥是这样介绍自己的：尊敬的朋友们，你们好！欢迎大家来到首都北京观光，我将又结识一批新朋友，大家也将又认识一位新导游。我叫常平祥，经常的"常"，平安的"平"，吉祥的"祥"。也就是说，由我来为大家导游，会把平安、吉祥送给大家。我的名字要是在清朝大兴文字狱的时代也可以躲过一劫，因为我的名字用谐音可以解释为：长治久安，天下太平。说不定在那个年代，还能给我个官儿做做呢。

参考答案：

案例中的导游员巧妙地将自己的名字的意思衍释发挥，同样也起到了积极调节、活跃交际气氛的作用。自我介绍无论采用哪种方式，基本目的只有一个，那就是给游客留下良好印象，积极调谐交际气氛，使自己顺利地被游客接纳。

五、喊人的语言技巧

在导游交际中，导游员经常会或远或近，或直接或间接地喊叫游客，这样就必须注意讲究喊人的技巧。在正常社交中，有一般关系和亲密关系的两种喊法，而在导游交际中主要使用一般关系的喊法，所以这里就不介绍亲密关系的喊法。导游员与游客的关系更多的是导游交际中的角色关系，所以比较适合使用一般关系的喊法。由于游客的工作性质、生活环境、性格爱好、文化修养、人生追求等各种因素可能会不一样，与导游员在身份、性别、年龄、职业等方面存在差异，所以，喊游客实际上也要讲究方式、运用技巧。在一般社交时，喊人的方式主要有点名报到式、自由随便式、潇洒文雅式、职业尊称式4种，其中点名报到式、自由随便式不太适用于导游交际场合，比较多用的是潇洒文雅式、职业尊称式两种方式。

（一）潇洒文雅式

在比较庄重的场合包括导游交际场合，导游员应该首先表现出自己的礼貌、修养与风度，选择与导游交际氛围协调的称呼喊叫游客。潇洒文雅一类的称呼主要有"××先生""××小姐""××太太"等，这一类称呼具有中立性，既文雅洒脱，又充分尊重对方，适用对象也比较广泛。其中要注意"夫人""太太"的使用，在不明对方婚姻状况的情况下，一定要小心使用，以免引起不必要的不快。

（二）职业尊称式

在导游交际中还采取姓氏加对方职务或职称的方式呼叫游客，比如"夏律师""李老师"等。这一类呼叫方式适用对象也比较广泛，不论男女老幼、尊卑贵贱都可以随时使用，既能表现出对游客社会地位的认可，又容易满足游客的自尊心甚至虚荣心。在导游交际中，呼喊游客往往成为导游员与游客沟通的一座重要的桥梁，可以明确双方的关系，交融相互的感情，为进一步的交际打下良好的基础。

六、交谈的语言技巧

在导游交际过程中,虽然导游讲解占据主要的地位,但往往还有大量的时间是属于同游客自由交谈的时候,这种情况下的交谈对导游人员与游客的沟通、对对游客情况的了解非常关键,因此在与游客自由交谈时要注意讲究聊天的技巧。

导游人员与游客聊天时主要是从对方感兴趣的或对方关心的话题切入,如对旅游目的地的提前了解,女性游客对时装、美容、小孩的关注,老年游客对身体健康、怀旧的兴趣等。

聊天是双方自觉自愿、平等交流、随和开放的行为,导游人员应注意创造聊天的条件,营造聊天的氛围,根据游客的心理特征、语言习惯、文化水平、脾气秉性等各种因素,随机应变地引导聊天的过程,使交谈气氛融洽、交流愉快,达到与游客互相理解、有效沟通的目的。

(一)聊天的作用

聊天是交谈的主要形式。聊天是至少两人共同参与的双向或多向的交际活动,是人们交往中最基本、最常见的现象,是导游员与游客之间交流思想、融洽感情、增进了解的重要途径,可以有效地使双方增长见识,改善关系,排忧解闷。导游交际中的聊天与一般社交场合的聊天一样,话题往往是随意的,而且可以不时转换,内容也是海阔天空、无所不可的,气氛也一定是和谐轻松的。但与一般社交聊天不一样的地方是导游员与游客聊天的意图应该是明确的,即以协调双方关系、缩短双方心理距离、建立良好的交际基础为基本目的。

(二)聊天的特点

1. 往返交流

聊天的过程实际上是交谈双方互相发出信息并回应、反馈的过程,具体说就是双向发出信息,双向交互反馈,达到充分交流的目的。在聊天的往返交流之中,聊天的每一方自始至终都既是说者,又是听者,换句话说,聊天者是说与听的统一体。聊天的这一特点表明,在聊天中,说与听是同等重要的,只说不听或者只听不说都是不恰当的。在这种往返交流中,双方的思绪总是要保持畅通的,并且从同一角度指向同一话题,否则,交谈双方就很难得到必要的信息并作出积极的反馈,这样,交流的通道就会发生堵塞现象,这种堵塞哪怕只是短暂的一瞬,也会影响交谈的顺利进行。

2. 随机应变

聊天一般有两种类型:一种是意图明确的;另一种是没有明确意图的。对导游交际来说,从导游员的角度出发,一般多用前一种,就是说,在导游交际中,导游员与游客的聊天一般是意图明确的。这里又分为两种情形:一种是双方中一方有意，另一方无心，一方主动谈，另一方被动应酬；另一种是双方都有准备，约好时间、地点来谈。在导游交际中，主要是前一种情形，就是既存在着导游员有意、游客无心的状态，也存在着游客有意、导游员无心的状态。这表明，导游员应该在两种情形中随机应变。首先，导游员有意、游客无心的情形在导游交际中应该是占主要的。导游员有义务通过各种方式与游客协调好关系，聊天无疑是一种比较有效的方式。其次，游客有意、导游员无心的情形在导游交际中也是常见的。即使是游客主动与导游员攀谈，导游员也应该立即有所反应，反应到有意识地与游客积极沟通的目的之上。无论是哪种情形的聊天，导游员都应该采取主动、积极的态势，根据游客的心理特征、语言习惯、文化水平、脾气秉性等各种因素，随机应变地引导聊天的过程，使交谈气氛融洽、交流愉快、过程顺利，达到与游客互相理解、有效沟通的目的。

3. 氛围融洽

聊天一般来讲是随便性的攀谈，话语投机，才有聊天的可能；话不投机，就很难发生聊天这类主动交际行为。所以在聊天之中双方应该没有表面化的利害冲突，聊天的气氛总应该是融洽的。交谈的双方往往志趣相投，共识点多，交谈才能互相衔接、彼此补充、轻松自如地进行下去。为了追求与游客融洽的交谈气氛，导游员应该积极地避开双方不相投机、缺少共同兴趣、有分歧的话题，有意识地营造融洽的交谈气氛。

（三）聊天的要求

1. 积极切入

导游员与游客聊天时主要是从对方感兴趣的或者对方关心的话题切入。实际上，要找到这类话题也并不是很容易的，需要对游客进行一番必要的观察和了解，这样才能因人引"话"。

2. 随和开放

聊天是双方自觉自愿、平等交流、随和开放的行为，这是进入聊天状态的先决条件。这表明一旦进入聊天状态，基本上就意味着任何一方都不应该生硬地采取自我封闭的态势。导游员一定要把握住这一点，特别要注意以下两个问题：一是要注意创造聊天的条件，营造聊天的氛围；二是要主动向游客传递随和开放的信息。这种开放要避免只说不听和只听不说两方面的问题。在聊天中，"说"与"听"都占有十分重要的地位，一方面要认真"说"自己的想法、认真回应对方，另一方面也要认真"听"对方的回应和想法。这一点对导游员来说十分重要。

七、劝服的语言技巧

在导游服务过程中，导游人员常常会面临各种问题，需要对游客进行劝服，如旅游活动日程被迫改变需要劝服游客接受；对游客的某些越轨行为需要进行劝说等。劝服一要以事实为基础，即根据事实讲明道理；二要讲究方式、方法，使游客易于接受。

（一）诱导式劝服

诱导式劝服即循循善诱，通过有意识、有步骤的引导，澄清事实，讲清利弊得失，使游客逐渐信服。如某旅游团原计划自武汉飞往深圳，因未订上机票只能改乘火车，游客对此意见很大。这时导游人员首先要十分诚恳地向游客致歉，然后耐心地向游客说明原委并分析利弊。导游人员说："没有买上机票耽误了大家的旅游行程，我很抱歉，对于大家急于赴深圳的心情我很理解。但是如果乘飞机去深圳还得等两天以后，这样你们在深圳只能停留一天，甚至一天还不到；如果现在乘火车，大家可在深圳停留两天，可以游览深圳的一些主要景点。另外，大家旅途都非常辛苦，乘火车一方面可以观赏沿途的自然风光，一方面也可以得到较好的休息。"导游人员的这席话使游客激动的情绪开始平静了下来，一些游客表示愿意乘坐火车，另一些游客在他们的影响下也表示认可。

对这类问题的劝服，导游人员一是要态度诚恳，使游客感到导游人员是站在游客的立场上帮助他们考虑问题；二是要善于引导，巧妙地使用语言分析其利弊得失，使游客感到上策不行取其次也是最好的选择。

（二）迂回式劝服

迂回式劝服是指不对游客进行正面、直接的说服，而采用间接或旁敲侧击的方式进行劝说，即通常所说的"兜圈子"。这种劝服方式的好处是不伤害游客的自尊心，而又使游客较易接受。如某旅游团有一位游客常常在游览中喜欢离团独自活动，出于安全考虑和旅游团活动的整体性，导游人员走过去对他说："××先生，大家现在游览休息一会儿，很希望您过来给大家讲讲您在这个景点游览中的新发现，作为我导游讲解的补充。"这位游客听了会心一笑，自动地走了过来。

在这里，导游人员没有直接把该游客喊过来，因为那样多少带有命令的口气，而是采用间接的、含蓄的方式，用巧妙的语言使游客领悟到导游人员话中的含意，游客的自尊心也没有受到伤害。

（三）暗示式劝服

暗示式劝服是指导游人员不明确表示自己的意思，而采用含蓄的语言或示意的举动使人领悟的劝说。如有一位游客在旅游车内抽烟，使得车内空气混浊。导游人员不便当着其他游客的面制止，怕伤了这位游客的自尊，在其面向导游人员又欲抽烟时，于是导游人员向他摇了摇头（或捂着鼻子轻轻咳嗽两声），使游客熄灭了香烟。

这里导游人员运用了副语言——摇头、捂鼻子咳嗽，暗示在车内"请勿吸烟"，使游客产生了自觉的反应。

总之，劝服的方式要因人而异、因事而异，要根据游客的不同性格、不同心理或事情的性质和程度，分别采用不同的方法。

八、提醒的语言技巧

导游服务中，导游人员经常会碰到少数游客由于个性或生活习惯的原因表现出群体意识较差或丢三落四的行为，如迟到、离团独自活动、走失、遗忘物品等。对这类游客，导游人员应从关心游客安全的角度和实行旅游团集体活动的要求出发给予特别关照，在语言上要适时地予以提醒。

提醒的语言方式很多，除了直截了当的命令式（这种方式切忌使用）之外，还有其他的委婉方式。由于导游人员处在为游客服务的位置，导游人员对游客首先应予尊重，其次要有服务意识，对游客的安全负责，对游客的某些行为需要提醒时，应使用委婉的语言。导游人员提醒的语言要富有情感，要体现对游客的关心，使提醒能在愉悦的气氛中被游客所接受。提醒的语言方式具体有：

（一）敬语式提醒

敬语式提醒是导游人员使用恭敬口吻的词语，对游客直接进行的提醒方式，如"请""对不起"等。导游人员在对游客的某些行为进行提醒时应多使用敬语，这样会使游客易于接受，如"请大家安静一下""对不起，您又迟到了"。这样的提醒比"喂，你们安静一下""以后不能再迟到了"等命令式语言要好得多。

（二）协商式提醒

协商式提醒是导游人员以商量的口气间接地对游客进行的提醒方式，以取得游客的认同。协商将导游人员与游客置于平等的位置上，导游人员主动同游客进行协商，是对游客尊重的表现。一般说来，在协商的情况下，游客是会主动配合的。如某游客常常迟到，导游人员和蔼地说："您看，大家已在车上等您一会儿了，以后是不是可以提前做好出发的准备？"又如，某游客在游览中经常离团独自活动，导游人员很关切地询问他："××先生，我不知道在游览中您对哪些方面比较感兴趣，您能否告诉我，好在以后的导游讲解中予以结合。"

（三）幽默式提醒

幽默式提醒是导游人员用有趣、可笑而意味深长的词语对游客进行的提醒方式。导游人员运用幽默的语言进行提醒，既可使游客获得精神上的快感，又可使游客在欢愉的气氛中受到启示或引起警觉。如导游人员在带领游客游览长城，提醒游客注意安全并按时返回时说："长城地势陡峭，大家注意防止摔倒。另外，也不要头也不回一股脑儿地往前走，一直走下去就是丝绸之路了，有人走了两年才走到，特别辛苦。"又如，几位年轻游客在游览时，纷纷爬到一尊大石象的背上照相，导游人员见了连忙上前提醒他们："希望大家不要欺负这头忠厚老实的大象！"这比一脸严肃地说"你们这样做是损坏文物，是要罚款的"效果好得多。

九、回绝的语言技巧

回绝即对别人的意见、要求予以拒绝。在导游服务中，导游人员常常会碰到游客提出的各种各样的问题和要求，除了一些通常的问题和一些合理的经过努力可以办到的要求可予以解释或满足外，也有一些问题和要求是不合理的或不可能办到的，对这类问题或要求导游人员需要回绝。但是，囿于导游人员同游客之间的主客关系，导游人员不便于直接回答"不"，这时导游人员必须运用回绝的语言表达方式和技巧。

（一）柔和式回绝

柔和式回绝是导游人员采用温和的语言进行推托的回绝方式。采取这种方式回绝游客的要求，不会使游客感到太失望，避免了导游人员与游客之间的对立状态。如某领队向导游人员提出是否可把日程安排得紧一些，以便增加一两个旅游项目。导游人员知道这是计划外的要求不可能予以满足，于是采取了委婉的拒绝方式："您的意见很好，大家希望在有限的时间内多看看的心情我也理解，如果有时间能安排的话我会尽力的。"这位导游人员没有明确回绝领队的要求，而是借助客观原因（时间），采用模糊的语言暗示了拒绝之意。又如，一位美国游客邀请某导游人员到其公司里去工作，这位导游人员回答说："谢谢您的一片好意，我还没有这种思想准备，也许我的根扎在中国的土地上太深了，一时拔不出来啊！"这位导游人员未明确表示同意与否，然而却委婉地谢绝了游客的提议。

上述这类回绝在方式上是柔和的、谦恭的，采用的是拖延策略，取得了较好的效果。

（二）迂回式回绝

迂回式回绝是指导游人员对游客的发问或要求不正面表示意见，而是绕过问题从侧面予以回应或回绝。如一次某导游人员在同游客交谈时谈到了西藏，这时一位美国游客突然发问："你们1959年进攻西藏是否合法？"该导游人员想了想说："你认为你们在19世纪60年代初期派兵进攻密西西比河南方的奴隶主是否合法？"美国游客一时语塞。

对这类政治性很强的问题，尤其是西方游客长期受资本主义宣传的影响，一时难以和他们讲清楚，采取这种迂回式的反问方式予以回绝也是一种选择。

（三）引申式回绝

引申式回绝是导游人员根据游客话语中的某些词语加以引申而产生新意的回

绝方式。如某游客在离别之前把吃剩的半瓶药送给导游人员并说："这种药很贵重，对治疗我的病很管用，现送给你做个纪念。"导游人员谢绝说："既然这种药贵重，又对您很管用，送给我这没病的人太可惜了，还是您自己带回去慢慢用更好。"

这里导游人员用客人的话语进行的引申十分自然，既维护了自己的尊严，又达到了拒绝的目的。

（四）诱导式回绝

诱导式回绝是指导游人员针对游客提出的问题进行逐层剖析，引导游客对自己的问题进行自我否定的回应方式。如有位法国游客问导游人员："有人说，西藏应是一个独立的国家，对此你是怎样看的？"这位导游人员反问他："您知道西藏政教领袖班禅、达赖的名字是怎么来的吗？"该游客摇摇头说："不知道。"导游人员接着说："我告诉您吧，他们的名字是清朝皇帝册封的，可见西藏早就是中国的一部分。正如布列塔尼是法国的一部分一样，您能因为那里的居民有许多自己的风俗就说它是一个独立的国家吗？"这位法国游客摇摇头笑了。

总之，导游人员无论用哪种回绝方式，其关键都在于尽量减少游客的不快。导游人员应根据游客的情况、问题的性质、要求的合理与否，分别采用不同的回绝方式和语言表达技巧。

十、道歉的语言技巧

在导游服务中，因为导游人员说话的不慎、工作中的某些过失或相关接待单位服务上的欠缺，会引起游客的不快和不满，造成游客同导游人员之间关系的紧张。不管造成游客不愉快的原因是主观的还是客观的，也不论责任在导游人员自身还是在旅行社方面，抑或相关接待单位，导游人员都应妥善处置，需要采用恰当的语言表达方式向游客致歉或认错，以消除游客的误会和不满情绪，求得游客的谅解，缓和紧张关系。

（一）微笑式道歉

微笑是一种润滑剂，微笑不仅可以对导游人员和游客之间产生的紧张气氛起缓和作用，而且微笑也是向游客传递歉意信息的载体。如某导游人员回答游客关于长城的提问时，将长城说成建于秦朝，其他游客纠正后，导游人员觉察到这样简单地回答是错误的，于是对这位游客抱歉地一笑，使游客不再计较了。

（二）迂回式道歉

迂回式道歉是指导游人员在不便于直接、公开地向游客致歉时，而采用其他的方式求得游客谅解的方式。如某导游人员在导游服务中过多地接触和关照部分游客，引起了另一些游客的不悦，导游人员觉察后，便主动地多接触这些游客，并给予关照和帮助，逐渐使这部分游客冰释前嫌。在这里，导游人员运用体态语言表示了歉意。又如，某旅游团就下榻饭店早餐的品种单调问题向导游人员表示不满，提出要换住其他饭店。导游人员经与该饭店协商后，增加了早餐的品种，得到了游客的谅解。

导游人员除了采用迂回道歉方式改进导游服务外，还可请示旅行社或同相关接待单位协商后，采用向游客赠送纪念品、加菜或免费提供其他服务项目等方式向游客道歉。

（三）自责式道歉

由于旅游供给方的过错，使游客的利益受到较大损害而引起强烈不满时，即使代人受过，导游人员也要勇于自责，以缓和游客的不满情绪。如某导游人员接待了一个法国旅游团，该团从北京至武汉，17:00入住饭店后发现团长夫人的一只行李箱没有了，团长夫人非常气愤，连18:30法国驻华大使的宴请也没有参加。至次日零时，该件行李还未找到，所以所有团员均未睡觉，都在静静地等着。在这种情况下，陪同的导游人员一面劝游客早点休息，一面自责地对团长和团长夫人说："十分对不起，这件事发生在我们国家是一件很不光彩的事，对此我心里也很不安。不过还是请你们早点休息，我们当地的工作人员还在继续寻找，我们一定会尽力的。"不管这位团长夫人的行李最终是否找到，但导游人员这种勇于自责的道歉，一方面体现了导游人员帮助客人解决问题的诚意，另一方面也是对客人的一种慰藉。

不管采用何种道歉方式，道歉首先必须是诚恳的；其次，道歉必须是及时的，即知错必改，这样才能赢得游客的信赖；最后，道歉要把握好分寸，不能因为游客某些不快就道歉，要分清深感遗憾与道歉的界限。

十一、开场白的技巧

开场白的技巧实际上包括两个方面：一是第一次与游客接触时的一般开场白；二是在讲解每一个具体景点时的导游词的开场白。

（一）一般开场白

一般开场白常常是在第一次接待游客时开始的，而这种开场白也叫欢迎词。欢迎词的主要内容应该包括向游客问好，代表旅行社向游客表示欢迎，向客人介绍司机和车牌号，自我介绍，简要介绍当地气候等情况、下榻饭店概况、游览活动安排，说明必要的卫生、饮食、安全、购物等注意事项以及其他必要的内容等等。

（二）导游词开场白

导游词开场白从结构的角度划分，可以分为完整式和简略式两类，完整式开场白大致包括问候、寒暄、自我介绍、欢迎、良好祝愿、明确游览目的等内容，简略式开场白至少要有问候、明确游览目的两项内容。从游览过程的角度划分，有预设开场白和现场开场白两种。从表达的角度划分，有叙述式开场白和抒情式开场白两类。

案例分析

例1　女士们、先生们：你们好！欢迎大家光临天坛。（自我介绍之后）非常高兴能有机会陪同各位一道欣赏、领略这雄伟壮丽、庄严肃穆的古坛神韵。让我们共览这"人间天上"的风采，共度一段美好的时光。

例2　女士们、先生们：大家好！首先，我对各位的到来致以最诚挚的欢迎！各位来到长沙旅游之前，想必已经对湖南有所了解了吧？那么您认为中国现代史上最著名的人物是谁呢？对，毫无疑问是毛泽东同志！那么毛主席在长沙生活期间，最喜欢去的是什么地方呢？就是我们将要到的岳麓山爱晚亭了。好，现在咱们就一块到毛主席"携来百侣曾游"的地方去看看。

例3　女士们、先生们：瓷器是我们日常生活的必需品。那么多姿多彩的瓷器是如何制造出来的呢？到了瓷都景德镇，我们就不能不去探寻一番，所以，今天我就请各位去参观古窑瓷厂，这个瓷厂为什么用"古窑"二字命名呢？等会儿到了我再做解释。现在我利用路上的时间向各位介绍一点陶瓷知识。

例4　各位游客：你们好！欢迎大家到湄洲岛旅游，我们今天游览的景点是湄洲岛妈祖庙，导游的内容有：湄洲岛概况—湄洲岛妈祖庙朝觐活动盛况—妈祖庙山门—仪门—太子殿—寝殿—妈祖石像。预祝我们愉快地度过美好的一天。

例5　各位朋友：来杭州之前，您一定听说过"上有天堂，下有苏杭"这句名言吧！其实把杭州比喻成人间天堂，很大程度上是因为有了西湖。千百年来，西湖风景展现了经久不衰的魅力，她的风姿倩影令多少人一见钟情。就连唐朝大诗人白居易离开杭州时还念念不忘西湖："未能抛得杭州去，一半勾留是此湖。"朋友们，下面就随我一起从岳庙码头乘船去游览西湖。

例6　亲爱的朋友：欢迎你们来到美丽富饶的新疆。新疆地处亚欧腹心，地大物博，山川壮丽，浩海无涯，古迹遍地，民族众多，风俗奇异，有许多值得大家参观游览的地方。您要是想游遍新疆的天山南北，至少得有半个月的时间。今天我将带大家去游览新疆最著名的风景区天山明珠——天池。天池位居高大宏伟的天山怀抱之中。朋友们，您闭上眼睛想象一下在这个离海洋最远的、年均降水量200毫米的城市旁的高山中有那么一潭清清碧水，这是何等的神奇、何等的美妙啊！这犹如给美丽动人的少女披上一层神秘的面纱。您觉得我的比喻贴切吗？

当我置身于离海洋最远的地方，体会干旱地区的燥热时，脑海中的那一潭碧水带给了我无限的湿润与凉意。我想象不出该用什么样的语言来描述此刻的感觉。朋友们，您此时此刻是否已有了我相同的感觉？我想是的，从大家的表情上看得出，大家的好奇心早已经插上了翅膀飞到了天池。不用着急，今天我们就要揭开这层神秘的面纱，让大家饱览那少女妩媚多情的眼睛。

参考答案：

上述六例，基本上包括了各种开场白。

例1是比较完整的现场叙述式开场白，包含了问候、欢迎、自我介绍、祝愿、说明游览目的等诸多内容。

例2是比较简略的现场叙述式开场白，虽然简略，但是却利用了名人效应使开场的表白有声有色，情趣盎然。

例3是在到达古窑瓷厂之前表达的预设式开场白，简洁明快，以重重的悬念引起游客极大的兴趣。

例4是现场叙述式开场白，除了必要的问候、欢迎、祝愿之外，着重强调了将要游览的主要内容和景点，清晰明了，目的明确，重点突出。

例5、例6是现场抒情式开场白，导游员饱含深情、激情满怀地赞美了西湖、天池，优美抒情，真挚动人。

上述各种开场白，虽然可以从不同的角度进行不同的归类，但是它们的基本内容其实大同小异。所以，开场白并没有一成不变的定规，重要的是要能够体现对游客的尊敬之情、关切之情以及突出游览目的的要义。最后要注意，开场白不能故弄玄虚，否则不仅会使开场白显得多余，也可能会使游客反感。比如："各位朋友：今天我们将要游览的是一处独具特色的旅游景点，它位于北京城的中心，殿宇千门万户，楼阁巍峨庄严，红墙黄瓦，金碧辉煌，素有'金色的宫殿之海'的美称。您一定猜到了，这就是驰名中外的故宫博物院。"这一段解说，明明是只能在故宫进行现场讲解的导游词的开场白，却云山雾罩地绕着弯子请游客猜测是什么地方，真是多此一举。这样的开场白在导游词中要加以杜绝。

十二、结束的语言技巧

在导游交际中，结束的技巧包括两个方面的内容：一是在讲解完每一个具体景点时的结束语；二是跟游客最后告别时的结束语。

在讲解完一个景点后，导游要善于把游客的注意力转移到下一个景点，并通过导游的讲解，激发游客的兴趣前往。

向游客最后的告别,既要总结这几天游玩的内容,让游客们再次回忆美好的行程,也要表达出导游的惜别之情,欢迎他们再次前来。

视野拓展

学生训练口语交际的主要形式

1. 自我介绍

介绍自己:说说自己的姓名、年龄、性格、爱好、就读学校及年级,自己最喜欢的人或事;介绍家庭情况:家在何处,全家有几口人,分别是谁,各在哪里工作或学习。介绍的时候,可以先逐项说,再连起来完整地说。

2. 口述见闻

从自己身边所看到、听到的最喜欢的事情,或从电视、广播、电影、报刊或广告中所吸收的信息,选一两条,抓住中心,按一定的顺序简单地讲给大家听。由于讲述的内容是日常生活中亲眼所见、亲耳所闻的,因而真实客观,感情自然,从而使口语交际成为交流心得、增进感情的方法手段。

3. 工作汇报

完成一些力所能及的工作,如打扫环境卫生、整理班级图书、出黑板报等,让学生去完成,然后要求把完成情况向老师和同学汇报,并接受大家咨询。

4. 祝贺、感谢

利用不同的对象和事情,选用不同的贺词或感谢语,先说说祝贺或致谢的原因,再介绍谁祝贺或感谢,如果是自己,可说"我向你表示衷心的祝贺(感谢)";如果是代表集体,那就说"让我代表××向你表示祝贺(感谢)"。最后还可以提出一些要求和希望。

5. 接待客人

让学生按照迎客、待客、送客三个步骤来说。迎客:说"请进"并问好;待客:让座、端茶、回答问话或要求改日再来;送客:送到门口、话别、挥手或说"再见"。要求在说话时,注意态度和蔼、热情、语言亲切,运用礼貌用语。学生可以多同同桌对练,后上台表演。

6. 求助于人

学生学会在借物品、请求别人做什么或不做什么时,说些祈求的话。不仅要注意称呼和使用礼貌用语,而且要讲清请求对方做什么及请求原因。如果对方答应了,该怎样说;如果对方不太满意,又该怎样说。要求讲时,语言要亲切,态度要诚恳,使人听后产生亲切感。

本章关键词

导游　交际　语言

课后练习

一、填空题

1._____是谈话者之间的见面语，是人与人之间沟通的桥梁，也是人际交往不可或缺的重要环节。

2. 导游人员的劝说一定要设身处地地替_____着想，坚持以理服人，以情感人。

3. 在导游工作中，旅游者常常会向导游人员提出各种意见、建议和要求，导游人员必须_____。

二、单项选择题

1. 下列不属于导游交际原则的是（　　）。
   A. 平等原则　　B. 求同存异　　C. 宾客至上　　D. 诚实守信

2. 在人类社会中平等交往是指在交往过程中实现态度平等、人格平等等，其中最重要的是（　　）。
   A. 人格平等　　B. 态度平等　　C. 交往地位平等　　D. 相互礼仪平等

3. 求同存异的原则也称之为（　　）。
   A. 遵守原则　　B. 宽容原则　　C. 友情原则　　D. 守信原则

4. 下列不属于导游交际的作用的是（　　）。
   A. 获得更多信息，便于工作达到事半功倍的效果
   B. 增进与司机的情感沟通
   C. 调节导游人员与周围环境的沟通
   D. 促进导游人员人格完善

5. 下列不属于导游人员与旅游者交往技能的是（　　）。
   A. 尊重旅游者　　　　　　B. 保持微笑服务
   C. 与旅游者建立"人情关系"　　D. 提供个性化服务

6. 人际交往的桥梁、感情沟通的渠道是指（　　）。
   A. 认真倾听　　B. 尊重　　C. 保持微笑服务　　D. 讲究语言技巧

7. 在导游服务过程中导游人员要学会使用"柔性语言"，下列不属于柔性语

言的是（　　）。

A. 语气亲切　　　B. 语调柔和　　　C. 说理自然　　　D. 态势语言

8. 既是行动沟通又是情感沟通的是（　　）。

A. 微笑服务　　　B. 提供个性化服务　　C. 讲究语言技巧　　D. 认真倾听

9. 导游人员与旅游团领队在交往中不应该（　　）。

A. 尊重领队权限，支持其工作　　　B. 多同领队协商，主动争取配合

C. 少给领队荣誉，调动其积极性　　D. 坚持原则，避免正面冲突

10. 下列不属于导游人员与相关旅游接待单位交往方法的是（　　）。

A. 及时有效沟通　　　　　　B. 主动争取各方帮助

C. 多做磋商　　　　　　　　D. 协助弥补供给缺陷

11. 导游人员在工作中的最大愿望就是（　　）。

A. 为旅行社谋取更大利益　　B. 进行生动讲解

C. 让旅游者满意　　　　　　D. 杜绝责任事故

12. _____ 是指以一定的语言表达方式向自己的交往对象说明有关问题的含义、原因或理由。

A. 道歉　　　　B. 解释　　　　C. 杜绝　　　　D. 应答

13. 在导游工作中，旅游者常常会向导游人员提出各种意见、建议和要求，导游人员必须作出应答，应答不包括（　　）。

A. 言他　　　　B. 解释　　　　C. 拒绝　　　　D. 道歉

14. 一个旅游团在离境时，领队代表全团成员非要送陪同的导游人员一大笔酬谢费。这位导游人员婉谢道："您和大家的一片好意我心领了，但这钱我不能收，我所做的一切都是应该的，不用酬谢。"这种拒绝的技巧是（　　）。

A. 笑而不语　　B. 顺水推舟　　C. 先是后非法　　D. 咬定青山不放松

三、多项选择题

1. 下列属于导游人员交往的基本原则的是（　　）。

A. 平等原则　　B. 求同存异　　C. 诚实守信　　D. 言之有理

2. 求同存异原则中，"求同"和"存异"分别指的是（　　）。

A. 最基本的方面大致一致　　　B. 双方各自保留其分歧

C. 保留共同特点　　　　　　　D. 站在对立的立场

3. 导游交际的作用包括（　　）。

A. 调节导游人员与周围环境的关系

B. 促进导游人员人格的完善

C. 增进与旅游者的情感交流

D. 获得更多信息，使工作达到事半功倍的效果
4. 导游人员与旅游者的交往应该（　　）。
A. 保持微笑服务　　B. 认真倾听　　C. 提供规范化服务　　D. 尊重旅游者
5. 导游人员与领队交往应该做到（　　）。
A. 尊重领队权限　　　　　　　B. 多同领队磋商
C. 多给领队荣誉　　　　　　　D. 坚持原则，避免正面冲突
6. 导游人员与领队交往中应坚持原则，可采用（　　）的方法。
A. 有理　　B. 有节　　C. 主动　　D. 尊重　　E. 有利
7. 导游人员与相关旅游接待单位交往的方法有（　　）。
A. 及时有效沟通　　　　　　　B. 主动争取各方配合
C. 协助弥补供给缺陷　　　　　D. 提供个性化服务
8. 导游交际技能的培养包括（　　）。
A. 导游人员与旅游者的交往　　B. 导游人员与全陪的交往
C. 导游人员与司机的交往　　　D. 导游人员与旅行社的交往
9. 寒暄的技巧主要有（　　）。
A. 问候式　　B. 夸赞式　　C. 言他式　　D. 聊天式
10. 劝说的语言技巧主要有（　　）。
A. 激将法　　B. 暗示法　　C. 安慰法　　D. 诱导法
11. 拒绝的技巧主要有（　　）。
A. 笑而不语　　B. 顺水推舟　　C. 借题发挥　　D. 咬定青山不放松

四、判断题
1. 交往是人与人之间沟通信息的过程，即人们运用语言交换意见、传达思想、表达感情和需要的交流过程。（　　）
2. 在人类社会中，平等交往是指在交往中实现人格平等、态度平等、交往地位平等等，其中最重要的是态度平等。（　　）
3. 求同存异的原则也称之为宽容原则。（　　）
4. 导游人员提供规范化服务，既是行动沟通，又是情感沟通。（　　）
5. 及时有效的沟通是导游人员与相关接待单位开展交往活动的一个重要手段。（　　）
6. 导游人员同旅游者聊天与一般社交活动的聊天有所不同。（　　）
7. 由于种种主客观原因，旅游者对导游人员的工作经常会表示不满，按照职业道德的要求，凡是碰到这种情况导游员都要无条件地向旅游者道歉。（　　）
8. "您的行李不慎遗失了，不管怎么样，这是一件不光彩的事，我作为陪同，

心里十分不安。不过我们马上就会尽力去寻找的,请您放心。"这是补偿式的道歉。(　　)

五、案例分析题

阅读下面案例,帮导游小林找出在本案例中他与客人进行语言交流存在的问题。

导游小林接了一个团,早上出发之前,有几位客人要上厕所,走错了方向,小林很热情地对他们说:"先生,不是那边,是这边。"

中午就餐的时候,有几位客人因为在附近的商店购物来迟了一点,差点走错了就餐的包厢,小林又很热情地说:"先生,不是那边,是在这边。"

六、实训题

实训项目	导游交际语言
实训要求	1.通过模拟训练,培养学生主动交际意识 2.掌握常用的基本交际语言技巧 3.善于察言观色,把握交际语境,做到在与游客交谈时能随机应变 4.掌握在不同场合语言表达的技能和方式
实训时间	4课时
实训准备	实训作业
	一、实训准备 让学生抽取一个实训话题 二、实训开始 1.教师任选一个学生上台交谈示范,然后引导学生进行分析点评 2.设计模拟场景和模拟对象,让学生分组练习。学生按抽到的交际话题与扮演游客的学生进行交谈 (1)见面寒暄语的运用 要求:见面要得体地与游客寒暄,语言简单却不失礼节 场景设计:早晨在景区门口见到第一批游客 (2)劝说语言的运用 要求:当游客情绪比较消极或过于激动时,导游员需采取适当的劝说技巧使游客情绪有所转变。劝说应注意以理服人,语气委婉,态度真诚,要充分尊重对方 场景设计:当旅游者来到景区参观时,正好下起了雨,游客心情沮丧。你将如何使用劝说语言扭转游客情绪 (3)答问语言的运用 要求:游客在游览过程中出于不同动机可能会提出各种各样的问题,导游员应根据具体情况恰当地作出回答 场景设计:1)游客对于景区开放时间、活动项目及设施设备等方面的问题需咨询时 2)游客有关我国政治、经济、文化等问题的提问

续表

实训项目	导游交际语言
	（4）安慰语言的运用 要求：当游客在景区发生意外或遇到麻烦时，导游员不仅要妥善处理，而且还要及时进行安慰，尽力使游客的痛苦和烦恼降到最低限度。安慰时，要求针对游客的具体情况恰当地运用安慰语言 场景设计：可设定游客钱包丢失、玩伴走失、生病、摔伤等 （5）道歉语言的运用 要求：各种主客观原因可能造成导游工作的失误，令游客不满。道歉时要巧妙地说明情况，并诚恳道歉，使负面影响降到最低程度。但不应将不应自己承担的过错都揽过来 3.教师最后将这次实训结果进行点评和总结 三、实训结束 1.请学生将交谈过程详细记录，整理后交给教师 2.填写实训报告，实训结束

第五章　导游态势语言

本章概览

人类交际是语言交际和非语言交际的结合，而非语言交际中最丰富的一种方式即态势语言。大多数导游，在导游服务过程中都有意或无意地使用态势语言来表达情感、传递信息。本章通过介绍导游态势语的作用、使用原则等方面，帮助导游员掌握导游态势语言的运用技巧，从而营造融洽的交际气氛，达到更好的导游服务效果。

第一节　　导游态势语言概述

一、态势语与导游态势语

（一）态势语

1. 态势语内涵

态势语又称体态语，就是人的面部表情、身体姿势、肢体动作和体位变化等构成的可视化系统。也就是在交际中，人们运用面部表情、手势动作和身体姿势来传递信息、表达感情的一种方式。态势语内涵应包含：①是一种最古老、最原始的交际方式，也是历史最悠久的交际方式，是源远流长的、必不可少的；②是对口头表达必要的补充和辅助（除哑语外）；③所传递的所有信息受表达环境的制约。

对态势语进行系统研究的要首推美国宾夕法尼亚大学的伯德惠·斯特尔（Birdwhistell）教授，她在1952年出版了《体语学导论》（*Introduction to Kinesics*），正式提出了身势学理论。伯德惠·斯特尔教授对同一文化的人在对话中的语言行为和非语言行为做了一个量的估计，认为语言交际最多只占整个交际行为中的30%左右。另一个美国心理学家艾伯特-梅拉比安（Albert Mehrabian）研究表明，在表达感情和态度时，语言只占交际行为的7%，声调占38%，面部表情占55%。

2. 态势语功能

从个人来说分为：①反映人的性格和心理；②反映人的真实感受和内心需求；③可以弥补有声语言的不足。从日常交际来说：①更形象地传递信息，表达思想；②更有力地传达情感，反映情绪，如：拍案叫绝、暴跳如雷、扪心自问、趾高气扬等；③更有效地昭示心灵，加深理解；④更恰当地联络各种关系，使交际更得体。

（二）导游态势语

导游员的语言分为工作语言和态势语言两种交流形式。一是工作语言（也称有声语言，Audio Language），就是导游员用自己的有声语言为游客讲解景点、传递信息和表情达意。工作语言的基本要求是：语音、语调纯正，语气、语调恰当及语言流利生动，给游客以愉悦的听觉享受。导游员只要刻苦努力，就比较容易提高自己的工作语言水平。二是态势语言［也称无声语言（除哑语外），Posture Language］，即在导游口头表达过程中借助表情、体态动作等手段准确地表情达意的一系列方式。它包括面部表情、目光、微笑、手势等这些无声语言，具有直观性和广泛性的基本特点。态势语是内心情绪在身体动作上的反应，给人一种尽在不言中的心领神会。导游员只有在实践中长期积累和注重修炼，才能提高自己态势语言表达的水平。但是直到现在，工作语言水平的高低仍然是旅行社衡量和考核导游员导游水平的唯一标准。因此，许多导游员特别是外语导游员花费大量的时间练习讲解语言、背诵枯燥的导游词，注重提高自己的工作语言水平。但是，他们却很少注重自身态势语言的修养和提高，这是失之偏颇的做法。

国家旅游局要求导游员注重礼貌礼节和"不卑不亢"的基本行业标准，就是要求导游员注重态势语言和提高态势语言的水平。全国"十佳"导游员孟小权也认为，形体语言在导游艺术之中占65%的比例，说的也是这个道理。在导游实际工作中，导游员娴熟运用工作语言的同时辅之以具有独特魅力的态势语言，必将产生良好的带团效果。

二、态势语在导游工作中的作用

导游员成功的人际交往离不开适度的态势语言配合，恰当地使用态势语言可以弥补有声语言难以言表的不足，起到"此时无声胜有声"的深刻作用。

（一）态势语言是导游员与游客交往的特殊语言

导游员的工作语言有标点符号、词汇、语法等，有语音、语调的要求。导游员的态势语言也有动作和表情的特殊表达方式。在导游与游客的交流过程中，导游员的神情容貌、身姿体态、举手投足总是伴随有声语言传递相应的信息。在通常情况下，动态的、形象的、直观的态势语与有声语言的协调一致，会同时作用于对方的视觉和听觉，从而拓宽信息传输的渠道，强化、修饰、补充或否定有声语言的信息，使游客产生更深刻的印象。

 案例分析

游客上车（船）时，导游员与他们握手、给他们指路，或递上一张小方巾，游客会感觉亲切、周到。游客听完导游的景点讲解，报之以赞许的目光或热烈的掌声，此时，游客虽然缄默无语，但是他们特殊的态势语言表达了自己喜悦的心情。讲解景点时，导游员以热情的目光环顾游客，可以将关切的信息传递给广大客人。致欢迎或欢送词时，导游以正确、适度的站姿侃侃而谈，会引人入胜。在与游客的日常交往中，导游员挥手示意加强说话语气，会心一笑同意游客意见，轻轻摇头否定对方看法等。这些都表明了态势语言是导游员与游客交往的特殊语言。

另外，国家旅游局《导游员管理条例》中强调导游员在与游客交往中注重气质和格调，这就是要求导游员正确运用态势语言。

（二）导游态势语能吸引游客的注意力

旅游过程是导游与游客共同发挥、相互作用的过程。如果导游不注意与游客的互动，会使游客产生无聊、失落的情绪。导游必须根据游客的特点充分发挥互动的作用。在讲解过程中导游运用富于变化的表情、抑扬顿挫的语调、变换的节奏，配以指引性手势或加强性手势并自觉地变换身体姿态、视线和与游客的空间距离，可以悄悄地把游客的注意力吸引过来，从而起到激发游客兴趣与兴致的作用。

 案例分析

"现在我们看到的就是龙虎山了……所谓左青龙，右白虎，请看左边（用手指左边）连绵起伏的三四座山峰看起来就像是一条龙的身子，右边的那个山峰就像老虎的头了……"这段讲解就必须用指示性的态势语，来吸引游客注意力。其他的还有如配合有声语言出现的"大家往前看"等，都是比较常见的手势语。因此，在游览过程中，导游的态势语对于集中游客注意力，往往比语言提示更为有效。

（三）态势语言可以表达难以言表的情感

态势语言最大魅力在于：用一个眼神就可以传神、就能表情达意，用一个动作就能表达难以启齿或难以言表的意思，有时候甚至可以直接代替说话。

案例分析

西方客人大都在拿不定主意或犹豫时摊开手臂，同时耸耸肩膀，这个态势语的意思是同意，还是不同意？是赞成，还是反对？这是一个令人费解的态势动作，结论由对方揣摩。

态势语可以弥补有声语言的不足，表达导游员与游客之间难以言表的情感，甚至可以直接代替说话。导游在讲解前、在讲解过程中或提出问题的时候，环视一下游客，环视要照顾到每一位游客，但时间不宜过长，次数不能频繁。当导游注视游客时，目光应自然、亲切，让游客感到被重视。这往往就是导游工作成功的第一步。

案例分析

客人走累了，导游员就近找个座位用手示意他（她）坐下休息；当导游员听客人讲有趣的故事时会心一笑；再如游客不慎摔倒，导游员立即把他（她）扶起来，掸掉身上的尘土……整个过程导游可以一言不发，客人也会于无声处心领神会。

三、导游态势语的使用原则

态势语是导游在工作中经常使用的一种手段。运用得当，会使有声语言增色生辉；但运用不当，也会削弱或破坏有声语言的表达效果。因此，导游态势语的运用应该讲究技巧，注意方法。概括地说，运用体态语应该准确、自然、适度和协调。

（一）准确

态势语的词汇含义和情感色彩是约定俗成的，所以它的使用就有一定的时空范围。对同一体态动作，不同的国家、民族和不同的时代可能就有不同的含义，所以，准确地运用体态语言，还要注意一定的社会习惯和民族习俗。这就要求导游员在与游客的交往中，要注重外交礼节的学习和修养，全面了解不同文化和各民族的差异，准确运用态势语言，避免态势语言的"用词不当"。同时，导游员在具体工作中应注重分析和观察这些差异，准确地理解游客态势语的表情达意。

 **案例分析**

欧美大多数国家的游客，用拇指和食指做成圆圈表示"OK"，表示同意和赞许的意思，但法国游客会理解为"毫无价值"，日本游客会理解为"金钱"的意思，阿拉伯国家的游客甚至理解为猥亵的意思。又如在中国，长辈手摸小孩的头部表示爱抚，但对佛教国家的小和尚则表示侮辱。体语在各国的见面礼节上也各有差异：握手流行于中国和西方部分国家，拥抱和轻吻脸颊则流行于西方，却少见于中国。鞠躬风行于日本，却少于欧美。在印度、泰国等国家，人们见面时常双手合十相互祝福。在欧美和部分西方国家，男士可以轻吻女士手背或脸颊以示尊重；但在中国或部分阿拉伯国家里，此举则被认为非礼或大逆不道。

（二）自然

导游态势语是导游内心情感的自然流露，这就要求态势语的运用不能故作姿态。无论是从审美的角度还是从表达的角度，导游态势语的运用都要自然得体，既要符合美的原则，给人以美的享受，又要是内心情感的真实流露。

（三）适度

要根据表达内容的需要，恰如其分地运用导游态势语。态势语是有声语言的辅助手段，它不是人类交流的唯一工具。态势语的这种性质决定了它是受制于有声语言的。因此，导游态势语的运用，要做到适度。这个"度"，就是服从有声语言的表达需要，为表达内容服务。不用，会使语言表达呆板；滥用，就会喧宾夺主，削弱有声语言的表达效果。所以，导游态势语大多运用在表达主要意思或情感的最重要的部分，不能每一句话、每一个词语都要辅之以态势语。

（四）协调

导游态势语必须服从讲解内容表达的需要，并与讲解内容融为一体，切忌生搬硬套，矫揉造作。一方面各种态势语之间的动作要互相配合，另一方面态势语要与有声语言表达的内容和谐统一。态势语是为表达内容服务的，它应该与表达内容有机地结合起来。此外，态势语表达适时，才能与有声语言配合默契、协调。如果态势语的表达与口语的表达错位了，出现得太早或太迟，就会影响表达的效果，甚至适得其反。

态势语在导游过程中占有不可忽视的重要地位，应引起导游的高度重视。所以导游要想较好地运用态势语，必须加强文化修养，培养高尚的道德品质，提高思想境界，使态势语恰如其分地运用在导游的日常的工作当中，为自己的工作增光添色。

四、导游态势语的培养

如果将导游实际的工作与态势语的特征紧密结合,并有意识地进行自我调节、自我训练和自我控制,不断提高和完善非语言能力,那么一定会达到较好的服务效果。

(一)礼仪培训

通过礼仪培训加强导游对态势语理论知识的理解及认识;并要求导游经常对着镜子进行面部表情训练。

(二)日常生活

注意在日常的工作生活中对态势语进行训练和修正。导游只要通过有意识的塑造就可以很好地完善态势语,给游客留下自信、得体的导游形象。

(三)深化感悟

进一步深化对旅游景点的感悟。导游态势语的表达来源于对生活的感受和感动,又高于生活。它不是表演,不宜过多采用,并且具有社会规范的约束性。它是导游员在欣赏自然美、社会美和艺术美基础上的一种真实、自然、贴切、具有影响力的表达。

由此可见,导游利用态势语交际有时可以代替语言,它可以以极强的语境敏感性,准确无误地传递信息,从而增强表述力度,行使语言交际所不能行使的功能。导游可以使用特定的内容和集体的身势动作表达特定的意义,进而传递特定的用意,以达到更好与游客交际的目的。

第二节　导游态势语言运用技巧

态势语言亦称体态语言、人体语言或动作语言,它是通过人的表情、动作、姿态等来表达语义和传递信息的一种无声语言。同有声语言一样,它也是导游服务中重要的语言艺术形式之一,常常在导游讲解时对有声语言起着辅助作用,有时甚至还能起到有声语言难以企及的作用。态势语言种类很多,不同类型的态势语言具有不同的语义,其运用技巧亦不相同,下面介绍一些导游服务中常用的态势语言。

一、首语

首语是通过人的头部活动来表达语义和传递信息的一种态势语言,它包括点头和摇头。一般说来，世界上大多数国家和地区都以点头表示肯定，以摇头表示否定。而实际上，首语有更多的具体含义，如点头可以表示肯定、同意、承认、认可、满意、理解、顺从、感谢、应允、赞同、致意等等。另外，因民族习惯的差异，首语在有些国家和地区还有不同的含义。在人与人交谈时，头部呈中立、侧斜或下垂状的首语分别传递着不同的信息。

①将头部保持中立状态，则表明对对方的讲话无大兴趣。
②头下意识地从一侧斜到另一侧，则说明对对方的谈话有一定的兴趣。
③将头下垂是一种消极的人体信号，往往是对对方的谈话缺乏兴趣所为。

当发现第三种首语时，有经验者往往就会立即停止谈话或更换话题，以免出现不愉快或尴尬的局面。

 案例分析

印度、泰国等国某些少数民族奉行的是点头不算摇头算的原则，即同意对方意见用摇头来表示，不同意则用点头表示。

二、表情语

表情语是指通过人的眉、眼、耳、鼻、口及面部肌肉运动来表达情感和传递信息的一种态势语言。导游人员的面部表情要给游客一种平滑、松弛、自然的感觉，要尽量使自己的目光显得自然、诚挚，额头平滑不起皱纹，面部两侧笑肌略有收缩，下唇方肌和口轮肌处于自然放松的状态，嘴唇微闭。这样，才能使游客产生亲切感。

微笑是一种富有特殊魅力的面部表情，导游人员的微笑要给游客一种明朗、甜美的感觉，微笑时要使自己的眼轮肌放松，面部两侧笑肌收缩，口轮肌放松，嘴角含笑，嘴唇似闭非闭，以露出半牙为宜。导游员的微笑服务一方面能给游客留下良好的第一印象，表达对游客的尊重之意，创造融洽的交际气氛，另外一方面微笑也能成为打破僵局的方式，缩短双方之间的心理距离，有效地促进导游工作的顺利进行。

视野拓展

2008年8月8日，在北京奥运会震撼世界的盛大开幕式表演中，"笑脸"是主创者运用得最为频繁的一个典型元素。粗略统计，整个表演中，"笑脸"

的典型场景共出现7次，其中给人印象最为深刻的是：第11章"梦想"中，展示从全球搜集来的2008张不同肤色、年龄、国家的小朋友的笑脸，同时，夜空中出现2008张焰火笑脸，使得开幕式更具感化力。我们可能听不懂对方的语言，看不懂对方的文字，但一定看得懂对方真诚的笑脸。笑，作为人类独有的表情，是在人类中通行的语言，是一门"言简意赅"的"世界语"。笑，作为友好的标志，是拉近人与人之间距离的重要因素，也是人类在传播过程中的重要"非语言"。

（资料来源：邓文.解析北京奥运会开幕式表演上的"笑脸"，大众商务，2009年4月.）

三、目光语

泰戈尔对"眼语"有过这样的描述："那些自有生以来，除了嘴巴的颤动之外没有语言的人，学会眼睛的语言是十分必要的。它在表情上是无穷无尽的，像海一样深沉、天空一样清澈，黎明与黄昏、光明与黑暗都在这里自由嬉戏。"目光语是通过人与人之间的视线接触来传递信息的一种态势语言。艺术大师达·芬奇说："眼睛是心灵的窗户"，意思是透过人的眼睛，可以看到他的心理情感。目光主要由瞳孔变化、目光接触的长度及向度三个方面组成。瞳孔变化，是指目光接触瞳孔的放大或缩小，一般来说，当一个人处在愉悦状态时，瞳孔就自然放大，目光有神；反之，当一个人处在沮丧状态时，则瞳孔自然缩小，目光暗淡。目光接触的长度，是指目光接触时间的长短。导游人员一般连续注视游客的时间应在1至2秒钟以内，否则容易引起游客的厌恶和误解。目光接触的向度是指视线接触的方向。一般来说，人的视线向上接触（即仰视）表示"期待""盼望"或"傲慢"等含义，视线向下接触（即俯视）则表示"爱护""宽容"或"轻视"等含义，而视线平行接触（即正视）表示"理性""平等"等含义。导游人员常用的目光语应是"正视"，让游客从中感到自信、坦诚、亲切和友好。

导游讲解是导游人员与游客之间的一种面对面的交流。导游在工作中可以随时观察游客情绪、心理等方面的变化，及时收集信息，及时调整自己的讲解内容、表达速度、表达技巧等，以与游客进行最大限度的沟通。游客往往可以通过视觉交往从导游人员的一个微笑、一个眼神、一个动作、一个手势中加强对讲解内容的认识和理解。在导游讲解时，运用目光的方法很多，常用的主要有：

（一）目光的联结

导游人员在讲解时，应用热情而又诚挚的目光看着游客，正如德国导游专家哈拉尔德·巴特尔（Harald Battle）所说的：导游人员的目光应该是开诚布公的、对人表示关切的，是一种可以看出谅解和诚意的目光。那种一直低头或望着毫不相干处、翻着眼睛只顾自己口若悬河的导游人员是无法与游客产生沟通的。因此，导游人员应注意与游客目光的联结，切忌目光呆滞（无表情）、眼帘低垂（心不在焉）、目光向上（傲慢）、视而不见（轻视）和目光专注而无反应（轻佻）等不正确的目光联结方式。

（二）目光的移动

导游人员在讲解某一景物时，首先要用目光把游客的目光牵引过去，然后再及时收回目光，并继续投向游客。这种方法可使游客集中注意力，并使讲解内容与具体景物和谐统一，给游客留下深刻的印象。

（三）目光的分配

导游人员在讲解时，应注意自己的目光要统摄全部听讲解的游客，既可把视线落点放在最后边两端游客的头部，也可不时环顾周围的游客，但切忌只用目光注视面前的部分游客，使其他的游客感到自己被冷落，产生被遗弃感。

（四）目光与讲解相统一

导游人员在讲解传说故事和逸闻趣事时，讲解内容中常常会出现甲、乙两人对话的场景，需要加以区别，导游人员应在说甲的话时，把视线略微移向一方；在说乙的话时，把视线略微移向另一方，这样可使游客产生一种逼真的临场感，犹如身临其境一般。

四、服饰语

服饰语是通过服装和饰品来传递信息的一种态势语言。一个人的服饰既是所在国家、地区和民族风俗与生活习惯的反映，也是个人气质、兴趣爱好、文化修养和精神面貌的外在表现。服饰语的构成要素有很多，如颜色、款式、质地等，其中颜色是最重要的要素，不同的颜色给人的印象和感觉不一样，深色给人深沉、庄重之感，浅色让人感觉清爽、舒展，蓝色使人感到恬静，白色让人感到纯洁。

导游人员的服饰要注意和谐得体。加拿大导游专家帕特里克·克伦（Patrick Karen）认为，衣着装扮得体比浓妆艳抹更能表现一个人趣味的高雅和风度的含蓄。导游人员的衣着装饰要与自己的身材、气质、身份和职业相吻合，要与所在的社会文化环境相协调，这样才能给人以美感。譬如，着装不能过分华丽，饰物也不宜过多，以免给游客以炫耀、轻浮之感。在带团旅游时，男导游人员不应穿无领汗衫、短裤和赤脚穿凉鞋，女导游人员不宜戴耳环、手镯等等。

视野拓展

服装选择与搭配技巧

（1）身材因素。身材胖的人，不宜选择面料质地太厚的服装，以免造成视觉上的笨重感；也不应选择太薄的面料，以免使体形暴露无遗；不应选择穿横条纹、大方格图案的服装，避免使体形显得更宽。服装色彩方面应尽量回避暖色，而应选择颜色较深的冷色系列。避免较烦琐的服装式样，而应力求简洁、明快。

（2）脸型因素。圆脸型的人不宜选择小圆领的衣服，那样会使脸显得更圆；长脸型的人不宜选择长型领，那样会使脸显得更长；方脸型的人应配小圆角领或双翻领，以淡化脸型的棱角感；瓜子脸等尖脸型的人可选配的衣领范围较广。

（3）肤色因素。肤色较黑的人不宜选择粉红、淡绿两种颜色的衣服，面色偏黄的人可选择蓝色或淡蓝色的上衣，面色红润的人宜穿茶绿或黑绿色的衣服，肤色白皙的人在服装颜色的选择上则有更广阔的空间。

（4）年龄因素。年轻人服装选择的余地较大，但主要应突出女性的清纯和男性的朝气。中老年服装，尤其是中老年女性的服饰要突出高雅、雍容和冷静，颜色不应太艳，款式不宜太繁杂，也不宜有太多点缀。

（5）环境因素。无论是谁，对服装的选择还要注意环境因素，包括时间（time）、地点（place）、目的（object）等因素（即所谓"TPO"原则）。如旅游时的衣物应该宽松，参加重要活动时衣物应该庄重，喜庆场合衣物应尽量色彩鲜艳，肃穆场合则应以素色装为主。

［资料来源：赵利民. 模拟导游（第二版）. 大连：东北财经大学出版社，2010：12.］

五、姿态语

姿态语是通过端坐、站立、行走的姿态来传递信息的一种态势语言。可分为坐姿、立姿和走姿3种。

（一）坐姿

导游人员的坐姿要给游客一种温文尔雅的感觉。其基本要领是：上体自然挺直，两腿自然弯曲，双脚平落地上，臀部坐在椅子中央，男导游人员一般可张开双腿，以显其自信、豁达；女导游人员一般两膝并拢，以显其庄重、矜持。坐态切忌前俯后仰、摇腿跷脚或跷起二郎腿。

（二）立姿

导游人员的立姿要给游客一种谦恭有礼的感觉。其基本要领是：头正目平，面带微笑，肩平挺胸，立腰收腹，两臂自然下垂，两膝并拢或分开与肩平。不要两手叉腰或把手插在裤袋里，更不要有怪异的动作，如抽肩、缩胸、乱摇头、擤鼻子、掐胡子、舔嘴唇、拧领带、不停地摆手等等。

（三）走姿

导游人员的走姿要给游客一种轻盈、稳健的感觉。其基本要领是：行走时，上身自然挺直，立腰收腹，肩部放松，两臂自然前后摆动，身体的重心随着步伐前移，脚步要从容轻快、干净利落，目光要平稳，可用眼睛的余光（必要时可转身扭头）观察游客是否跟上。行走时，不要把手插在裤袋里。

导游人员在讲解时多采用站立的姿态。若在旅游车内讲解，应注意面对游客，可适当倚靠司机身后的护栏杆，也可用一只手扶着椅背或护栏杆；若在景点站立讲解，应双脚稍微分开（两脚距离不超过肩宽），将身体重心放在双脚上，上身挺直，双臂自然下垂，双手相握置于身前以示"谦恭"或双手置于身后以示"轻松"。如果站立时躬背、缩胸，就会给游客留下猥琐和病态的印象。

六、手势语

手势语是通过手的挥动及手指动作来传递信息的一种态势语言，它包括握手、招手、手指动作等。

（一）握手语

握手是交际双方互伸右手彼此相握以传递信息的手势语，它包含在初次见面时表示欢迎、告别时表示欢送、对成功者表示祝贺、对失败者表示理解、对信心不足者表示鼓励、对支持者表示感谢等多种语义。

1. 握手要领

与人握手时，上身应稍微前倾，立正，面带微笑，目视对方；握手时要摘帽和脱手套，女士和身份高者可例外；握手时不要将自己的左手插在裤袋里，不要边握手边拍人家肩头，不要眼看着别人或与他人打招呼，更不要低头哈腰；无特殊原因不要用左手握手；多人在一起时要避免交叉握手。

2. 握手顺序

男女之间，男方要等女方先伸手后才能握手，如女方不伸手且无握手之意，男士可点头或鞠躬致意；宾主之间主人应先向客人伸手，以表示欢迎；长辈与晚辈之间，晚辈要等长辈先伸手；上下级之间，下级要等上级先伸手以示尊重。

3. 握手时间

握手时间的长短可根据握手双方的关系亲密程度灵活掌握。初次见面一般不应超过 3 秒钟,老朋友或关系亲近的人则可以边握手边问候。

4. 握手力度

握手力度以不握疼对方的手为最大限度。在一般情况下,握手不必用力,握一下即可。男士与女士握手不能握得太紧,西方人往往只握一下女士的手指部分,但老朋友可例外。

导游人员在与游客初次见面时,可以握手表示欢迎,但只握一下即可,不必用力。对年龄大或身份较高的游客应身体稍微前倾或向前跨出一小步双手握住对方的手以示尊重和欢迎。在机场或车站送行与游客告别时,导游人员和游客之间已建立起较深厚的友谊,握手时可适当紧握对方的手并微笑着说些祝愿的话语。对于给予过导游人员大力支持和充分理解的海外游客及友好人士等更可加大些力度,延长握手时间,或双手紧握并说些祝福感谢的话语以表示相互之间的深厚情谊。

(二)手指语

手指语是一种较为复杂的伴随语言,是通过手指或手掌的各种动作来传递不同信息的手势语。由于文化传统和生活习俗的差异,在不同的国家、不同的民族中手指动作的语义也有较大区别,导游人员在接待工作中要根据游客所在国和民族的特点选用恰当的手指语,以免引起误会和尴尬。

表 5-1

"竖起大拇指"这一手指语,在各国代表的语义	
国别	语义
中国	"好",用来称赞对方高明、了不起、干得好
韩国	"首领""部长""队长"或"自己的父亲"
日本	"最高""男人"或"您的父亲"
美国、墨西哥、澳大利亚	"祈祷幸运"
希腊	叫对方"滚开"
法国、英国、新西兰	请求"搭车"

表 5-2

"伸出食指"这一手指语,在各国代表的语义	
国别	语义
新加坡	"最重要"
缅甸	"拜托""请求"
美国	"让对方稍等"

"伸出食指"这一手指语，在各国代表的语义	
国别	语义
澳大利亚	"请再来一杯啤酒"

表 5-3

"伸出中指"这一手指语，在各国代表的语义	
国别	语义
墨西哥	"不满"
法国	"下流的行为"
澳大利亚	"侮辱"
美国和新加坡	"被激怒和极度的不愉快"

表 5-4

"伸出小指"这一手指语，在各国代表的语义	
国别	语义
韩国	"女朋友""妻子"
菲律宾	"小个子"
日本	"恋人""女人"
印度和缅甸	"要去厕所"
美国和尼日利亚	"打赌"

表 5-5

"伸出食指往下弯曲"这一手指语，在各国代表的语义	
国别	语义
中国	数字"九"
墨西哥	"钱"
日本	"金钱"
希腊、巴西和阿拉伯国家	"诅咒"

俗话说"十指连心"，在手的动作中，手指和手掌是最敏锐、最灵活的部分，因而表意性最强。我国导游员在导游服务过程中，还经常使用到以下指（掌）法，表示的含义如下：

表 5-6

指（掌）法	含义
食指点	伸直食指，向上或向下，起强调作用，强调话题所涉及的人和物；向前指，指听众中的某个人，挑明话题，表明说话的针对性，带有一定的威胁性
啄指	五指紧啄，构成两种手势：一是五指接触，啄成一团，向内，表示反复强调重点；二是指尖不接触，尖锐地对着听众，表明不是泛泛而谈，而是有某种针对性
叉指	手指伸直叉开，可叉两指，也可叉三指或四指，一般都是表示数字，有时也表示摒弃
抓指	五指僵硬地弯曲，呈抓状，表示力图控制全场，吸引听众
伸掌	五指合拢，手掌平伸。掌心向上，表示征求意见；掌心向下，表示要抑制和安定听众的情绪，制止某种行为的发生；掌心向前，表示回避；掌心向内，并向胸前缩拢或向外推，这是一种表示抚慰的手势；掌心向上侧向外，即摊开双手，表示希望听众理解
劈掌	手掌挺直展开，像一把斧子"嗖嗖"劈下，这是一种很果断的手势，表示要果断下决心解决急于解决的问题
合掌	双手慢慢合拢，一只手搭在另一只手上，表明有必胜的把握

我们常见的伸出食指和中指构成英语"Victory"（胜利）的第一个字母"V"，西方人常用此手势来预祝或庆贺胜利，但应注意把手心对着观众，如把手背对着观众做这一手势，则被视为下流的动作。

在导游服务中，导游人员要特别注意不能用手指指点游客，这在西方国家是很不礼貌的动作，譬如导游人员在清点人数时用食指来点数，就会引起游客的反感。

视野拓展

广州人饮茶并无什么礼仪上的讲究。但斟茶和饮茶时，得互敬互让，且有一不成文规矩：即不管是什么身份的人，尊长、上级、贵客，即便是十分熟络的老友，对方给自己斟茶，也一定行叩手指礼——用中指和食指两指轻轻地敲击茶几或桌面，以示感谢。这种叩手茶礼一直延续至今，成为岭南的一种民情风俗。

（资料来源：广州叩手茶礼的历史由来，http：//368tea.com/？action-viewnews-itemid-43892.）

（三）讲解时的手势

在导游讲解中，手势不仅能强调或解释讲解的内容，而且还能生动地表达口头语言所无法表达的内容，使导游讲解生动形象。导游讲解中的手势有以下3种：

1. 情意手势

是用来表达导游讲解情感的一种手势。譬如，在讲到"我们湖北的社会主义现代化建设一定会取得成功"时，导游人员用握拳的手有力地挥动一下，既可渲染气氛，也有助于情感的表达。

2. 指示手势

是用来指示具体对象的一种手势。譬如，导游人员讲到黄鹤楼一楼楹联"爽气西来，云雾扫开天地憾；大江东去，波涛洗尽古今愁"时，可用指示手势来一字一字地加以说明。

3. 象形手势

是用来模拟物体或景物形状的一种手势。譬如，当讲到"有这么大的鱼"时，可用两手食指比一比；当讲到"五公斤重的西瓜"时，可用手比成一个球形状；当讲到"四川有座峨眉山，离天只有三尺三；湖北有座黄鹤楼，半截插在云里头"时，也可用手的模拟动作来形容。

导游讲解时，在什么情况下用何手势，都应视讲解的内容而定。在手势的运用上必须注意：①简洁易懂；②协调合拍；③富有变化；④节制使用；⑤避免使用游客忌讳的手势。

视野拓展

导游员特别是新导游员，在讲解时的态势动作：1. 讲解前：（1）了解游客的情况，观察好讲解的环境；（2）整理好自己的服饰、发型及分发的资料等；（3）调整好话筒或耳麦；（4）如在车上讲解，应还要提前与司机明确好行车路线等。2. 讲解时：（1）不要急于开口，而应用亲切的目光注视或扫视几秒钟，使游客的大脑做好接收信息的准备，得到无声的感染；（2）从容不迫，落落大方，潇洒自信，手势自由地摆动；（3）移动要适度，宁少勿多，移动范围不应过大，不可跨越太远、来回走动；（4）增强和游客的交流，调节旅游团的气氛。

（资料来源：颜永平《演讲的态势语言技巧》颜永平演讲的博客）

七、界域语

界域语是交往者之间的空间距离所传递的信息。在心理学中，空间的存在具有心理学的意义，比如每个人都有自己心理上的个体空间，它像一个无形的安全区一样，自己在这个安全区中会获得安全感。在人际交往中，这个安全区主要由身体周围的空间组成，如果别人擅自闯入，自己就会觉得不安全。比如一个旅游者正在一块石头后面给自己的恋人打电话，如果导游员走近，他就会下意识地转过身去，压低声音，因为别人闯进了他的安全区。

界域语可分为3类，即亲热界域语、个人界域语、社交界域语。亲热界域语是接触性界域语，即双方有身体上的接触，如拥抱、亲吻等，导游人员通常不用，假如出于尊重对方习俗非用不可，也应慎重，应符合对方的习俗礼仪；个人界域语是接近性界域语，距离一般为一米左右，语义为"亲切、友好"，如促膝交谈、围坐聊天等；社交界域语是交际性界域语，距离一般为两米左右，语义为"严肃、庄重"，如商务谈判、导游讲解等。

导游人员在带团过程中，比较常用的是个人界域语和社交界域语，应避免使用亲热界域语。无论是讲解服务还是生活服务，要注意给旅游者留出充足的个人空间，避免侵犯他们的隐私，这既是一种修养，更是对旅游者的一种尊重。

导游　态势语　导游态势语

课后练习

一、简答题

1. 态势语的内涵及包含的内容有哪些？
2. 请从个人和日常交际两方面来阐述态势语有什么功能？
3. 什么叫导游态势语？其特点是什么？
4. 导游员用的有声语言与游客交流的基本要求是什么？
5. 态势语在导游工作中有什么作用？
6. 如何培养和训练导游员的态势语？

二、填空题

1. 1952年_____宾夕法尼亚大学的伯德惠·斯特尔（Birdwhistell）教授正式出版了_____，提出了身势学理论。
2. 导游员的语言分为_____和_____两种交流形式。
3. 态势语言最大魅力是_____。

4. 信息的总效果 =（_____）言语 +（38%）声调 +（_____）面部表情。

5. 当一个人处在愉悦状态时，瞳孔_____，目光_____；反之，当一个人处在沮丧状态时，则瞳孔_____，目光_____。

6. 导游人员一般连续注视游客的时间应在_____以内，否则容易引起游客的厌恶和误解。

7. 握手顺序，通常是男女之间，_____先伸手后才能握手；宾主之间，_____应先向客人伸手，以表示欢迎。

8. 初次见面，握手的时间一般不应超过_____钟。

9. 导游讲解属于_____界域语。

10. 用来模拟景物形状的一种手势，叫_____手势。

三、选择题

1. 导游态势语特点有_____。
A. 直观性　　　　B. 单一性　　　　C. 局限性　　　　D. 广泛性

2. 导游态势语的使用原则包括_____。
A. 准确　　　　　B. 自然　　　　　C. 协调　　　　　D. 适度

3. _____等国某些少数民族奉行的是点头不算摇头算的原则，即同意对方意见用摇头来表示，不同意则用点头表示。
A. 印度尼西亚　　B. 印度　　　　　C. 泰国　　　　　D. 老挝

4. 一般来说，人的视线向上接触（即仰视）表示_____。
A. 爱护　　　　　B. 期待　　　　　C. 平等　　　　　D. 傲慢

5. 姿态语一般可以分为_____3种。
A. 躺姿　　　　　B. 坐姿　　　　　C. 走姿　　　　　D. 立姿

6. 导游讲解中的手势有以下3种是指_____。
A. 情意手势　　　B. 象形手势　　　C. 指示手势　　　D. 示意手势

7. 导游讲解中姿态语包括_____。
A. 坐姿语　　　　B. 立姿语　　　　C. 走姿语　　　　D. 蹲姿

8. 界域语可分为_____。
A. 亲热界域语　　B. 个人界域语　　C. 公共界域语　　D. 社交界域语

9. 导游员在导游服务过程中，通常会用到的指法有_____。
A. 啄指　　　　　B. 叉指　　　　　C. 抓指　　　　　D. 食指点

四、连线题

1. 在拇指和食指做成圆圈表示"OK"时，请正确连接各国表示的含义

国家　　　　　　　表示的含义

欧美国家　　　　　毫无价值

法国　　　　　　　同意和赞许

日本　　　　　　　猥亵

阿拉伯国家　　　　金钱

2. 在人与人交谈时，头部呈中立、侧斜或下垂状的首语分别传递着不同的信息，请正确连接

头部保持中立状态　　对对方的讲话无大兴趣

头下意识侧斜　　　　往往对对方的谈话缺乏兴趣，需停止谈话或转换话题

头下垂　　　　　　　对对方的谈话有一定兴趣

五、实践训练题

1. 请按照下列的句子设计相应的手势，然后展示出来

（1）小李，真是个好小伙儿！

（2）中国人民是无所畏惧的，就是天塌下来，我们也顶得起。

（3）她轻轻地躺在草地上，仰望着蓝蓝的天空……

（4）等着，等着，天色由黎明的鱼肚白色，逐渐变成淡蓝色。大家全神贯注地凝视对面的山峰，中央山脉的顶峰亮了，接着一片霞光四射，只一眨眼，如轮的旭日跃升而出。

（5）同学们，千万注意啊，这次考试是高考前非常重要的一次。

（6）小朋友们，请问一个苹果加一个雪梨，等于几个水果呀？

2. 请按照下列要求进行一段导游讲解

（1）不慌不忙起立走上讲台，抬头挺胸，微笑面向大家讲话

（2）讲解中必须有 2~3 个个性手势

（3）时间不超过 3 分钟，不少于 2 分钟

第六章 导游语言中的礼貌礼节

本章概览

导游是一个地区甚至一个国家的形象代言人,因为导游接触的游客来自五湖四海甚至全球各地,因此导游的形象显得尤为重要。导游语言中体现出的礼貌礼节对一个导游的形象有着至关重要的作用,所以,导游应该从细节处注重礼貌礼节,注意自己的语言合乎礼仪规范,在接待游客的过程中,注意使用礼貌用语,给游客留下良好的印象。

第一节 礼貌礼节用语概述

一、礼貌和礼节

礼貌是人与人之间在接触交往中相互尊重和友好的行为规范。礼节则是人们在交际场合中相互问候、致意、祝愿的惯用形式。礼节是礼貌的具体表现。

礼貌礼节属于文化范畴,是构成精神文明的基本要素,是适应最大多数人需要的伦理道德规范,是文明行为的最基本要求。

导游人员在工作中,应从细节处注意礼貌礼节,将礼貌礼节修养作为自身修养不可或缺的一部分。

二、人际交往中的基本礼节

(一)问候与致意

问候就是向对方说一些表示良好祝愿或欢迎的话,如"您好""早上好""下午好""晚上好""欢迎光临"等。

问候时,距离不应太远,以正常说话声音使对方能听清为宜,眼睛应注视对方。通常，年轻者应先向年长者问候，男性应向女性问候，身份低者应先向身份高者问候。

致意包括招手、微笑、点头示意等。与同事、熟人每天第一次见面时可以问候，再见面时微笑或点头示意即可。在社交场所，由于人多、距离较远，对不太熟悉的人也可致意。在服务工作岗位上时，遇到身份高的领导或者熟人时也可致意。

（二）介绍

人际交往中，不相识的人若有相识的愿望，可自我介绍或由第三者介绍。

自我介绍或介绍他人时，态度要诚恳。自我介绍时要自信并自识，需有自知之明，对自己作出正确的评价；要自谦，对自己的评价要留有余地。介绍他人时要热情、客观、掌握分寸。被他人介绍时，要表现出愿意结识对方的诚意和热情。介绍有先后之别，一般是先将身份低者、年轻者介绍给身份高者和年长者，先将男士介绍给女士，先将主人介绍给客人。介绍时，一般双方要起立，年长者、身份高者、女士可例外。

递名片是社交场合一种重要的自我介绍方式。递名片时应用双手（至少用右手），目视对方，微笑致意；接名片时也要用双手，以示尊重，接过名片后应认真看一遍再收好。

西方人交往时一般不随意交换名片。

（三）见面礼节

1. 握手礼

见面行握手礼时，主人、身份高者、年长者和女士一般应先伸手；朋友平辈间以先伸手为有礼；祝贺、谅解、宽慰对方时以主动伸手为有礼。

行握手礼时，上身稍前倾，立正，目视对方，微笑，说问候语或敬语。握手时要脱帽、脱手套，女子和身份高者可例外。握手时不要将另一只手插在裤袋里，不要边握手边拍对方的肩头，不要眼看他人，也不要低头哈腰。

2. 鞠躬礼

源自中国，现在盛行于日本、韩国和朝鲜。

行鞠躬礼时应立正、脱帽、微笑、目光正视、上身前倾15~30度（赔礼、请罪时例外）。平辈应还礼，长辈和上级欠身点头即算还礼。

3. 合掌礼

亦称合十礼，佛教礼节，盛行于印度和东南亚佛教国家，泰国尤盛。

行礼时，双手合拢于胸前，微笑低头，神情安详、严肃。对年长者双手举得越高越有礼，但手指尖不要过额头。接待外国游客时，对方行合掌礼，导游人员应以同样形式还礼，但不主动向游客行合掌礼。

4. 拥抱亲吻礼

是盛行于西方、俄罗斯等地区和阿拉伯世界的礼节。

在一般情况下，父母子女间亲吻脸和额头，平辈亲友间贴面颊，亲人、好友之间拥抱、亲吻脸、贴面颊。

在公共场合，见面时拥抱亲吻以示亲热，但通常作为一种礼节，关系亲近的女士间亲吻脸，男士之间抱肩，男女之间贴脸颊；晚辈亲吻长辈的额头，长辈亲吻晚辈的脸或额头；对高贵的女士，男士吻其手背以示尊敬。

（四）称谓

在交际场合，称谓很重要。通过它，反映了人与人之间的相互关系，显示出一个人的修养，在某种程度上也反映了社会风尚。

称谓一般可分为：

1. 职务称

即以其所担任的职务相称，如总经理。

2. 姓名称

即在"先生""小姐""同志"之前冠以姓。

3. 一般称

即泛称某人为"先生""小姐""太太"等。

4. 职业称

如"司机先生""秘书小姐"。

5. 代词称

如"您""他"等。

6. 亲昵称

亲属、好友间的称呼。

第二节 导游语言中应注意的礼貌礼节

导游在与游客的交往中，语言交流是必不可少的，导游在与游客的语言交流中要注意礼貌礼节。尊重游客是导游时时要提醒自己注意的问题。

一、导游对游客的称谓

导游人员应重视称谓并正确运用，若能在短时间内记住游客的姓名，了解他们的身份,并能在日常交往中正确地称呼他们,定会产生很好的效果。

二、导游与游客交谈时的礼貌礼节

(一)交谈时态度应真诚、庄重

导游人员在与游客交谈或在社交场合与人聚谈时,态度要庄重、真诚,不能傲慢,傲慢会伤害对方的自尊心;不能冷漠,冷漠会让对方感到不亲切;不能太随便,太随便会给对方一种消极的感觉;不要慌乱,慌乱会给对方留下不诚实、不成熟的感觉,从而使对方产生不信任感;不能唯唯诺诺、卑躬屈膝,否则会让对方瞧不起。

(二)交谈时表情应大方、自然

导游人员与游客一起交谈时,神情要自信、大方、自然,不能忸怩腼腆,不要惊慌失措,不要心不在焉,不要时时看表,避免打哈欠、伸懒腰及其他不雅观的小动作。

(三)交谈时目光应坦率、诚实

与人聚谈,要坦诚地注视对方的眼睛,忌讳左顾右盼、躲躲闪闪;与女士讲话时要谦让、谨慎,不过多地开玩笑等。

(四)不涉及隐私

互相尊重是社交聚谈时必须遵循的原则,因而交谈时忌讳谈及他人的隐私,不触及他人的痛处,不道破他人的秘密,不议论第三者;不勉强他人回答不愿回答的问题;不要显露出自己曾施恩于某人(此人在场时更要注意),但不要忘记自己曾得到过他人的恩惠,若此人在场时要作适当表示。

(五)不恶语伤人

在社交场合,切忌恶语伤人,不攻击他人,不当众指责他人;忌讳蔑视语、烦躁语、斗气语;讲话不要尖酸刻薄。

(六)不冷落游客

导游在与游客交谈时,如果有多名游客在场,一定要注意不要冷落某些游客,不要只和其中一两个窃窃私语,否则会让其他游客有受冷落的感觉,不利于导游工作的开展。

视野拓展

导游与游客交谈时经常要用到的礼貌用语

"谢谢你""对不起"和"请"这些礼貌用语,如使用恰当,对融洽人际关系会起到意想不到的作用。

无论别人给予你的帮助是多么微不足道，都应该诚恳地说声"谢谢"。正确地运用"谢谢"一词，会使你的语言充满魅力，使对方倍感温暖。道谢时要及时注意对方的反应。对方对你的感谢感到茫然时，要用简洁的语言向他说明致谢的原因。对他人的道谢要答谢，答谢可以用"没什么""别客气""我很乐意帮忙""应该的"来回答。

道歉时最重要的是有诚意，切忌道歉时先辩解，好似推脱责任；同时要注意及时道歉，犹豫不决会失去道歉的良机。在涉外场合需要请人帮忙时，说句"对不起，您能帮我一下吗"，则能体现一个人的谦和及修养。

几乎在任何需要麻烦他人的时候，"请"都是必须挂在嘴边的礼貌语，如"请问""请原谅""请留步""请用餐""请指教""请稍候""请关照"等。频繁使用"请"字，会使话语变得委婉而礼貌，是比较自然地把自己的位置降低、将对方的位置抬高的最好办法。

本章关键词

礼貌礼节　问候与致意　介绍　见面礼节　称谓　交谈的礼貌礼节

课后练习

一、填空题

1.（　　）是人与人之间在接触交往中相互尊重和友好的行为规范。（　　）则是人们在交际场合中相互问候、致意、祝愿的惯用形式。礼节是礼貌的具体表现。

2.（　　）就是向对方说一些表示良好祝愿或欢迎的话，如"您好""早上好""下午好""晚上好""欢迎光临"等。

3.人际交往中，不相识的人若有相识的愿望，可（　　）或由第三者介绍。

4.（　　）亦称合十礼，佛教礼节，盛行于印度和东南亚佛教国家，泰国尤盛。

5.见面行（　　）时，主人、身份高者、年长者和女士一般应先伸手，朋友平辈间以先伸手为有礼，祝贺、谅解、宽慰对方时以主动伸手为有礼。

二、多项选择题

1.以下哪些属于见面礼节（　　）。

A.握手礼　　B.鞠躬礼　　C.合掌礼　　D.拥抱亲吻礼　　E.问名

2.称谓一般可分为（　　）。

A.职务称　　B.姓名称　　C.一般称　　D.职业称　　E.代词称

第七章　导游词赏析

> **本章概览**

导游词是导游人员引导旅游者进行游览观光的讲解词。导游词的作用主要有两个：一是引导游客观光游览；二是宣传旅游景点。作为旅游管理专业的学生，我们应具备较高的导游词创作和鉴赏能力，为今后的工作所用。

第一节　自然旅游资源类导游词赏析

一、地文景观类

云南石林导游词

各位朋友，大家好！今天我们将要游览的景点是被誉为"天下第一奇观"和"阿诗玛故乡"的国家重点风景名胜区——石林，它位于昆明东南石林彝族自治县境内。石林风景区距昆明市区89千米，乘车需要近2个小时。

各位朋友，在中国旅游，人们有这样的说法：到了北京登墙头，到了西安看坟头，到了桂林观山头，到了上海数人头，到了苏州看丫头，到了昆明……大家猜猜看该看什么"头"呢？对了，有朋友说了：石头！前面所提的墙头、坟头所指不用说了，而这石头指的就是我们今天即将游览的石林。不少游客说：不到石林等于没到昆明，由此可见石林在云南旅游中的地位。另外我还要告诉大家的是我们云南省的旅游标志就与石林有关，那是什么标志呢？这个谜底我们到了石林后自然就能解开。正因如此，上至国家元首，下至平民百姓，凡来昆明者必到石林一饱眼福。

各位是否注意到车窗外果树下土壤的颜色？

对，红色。我们的旅游车正行驶在红土高原上。这土为何呈红色？云南地处低纬度地区，优越的气候条件和茂盛的植被及特殊的地貌条件给云南高原上的土壤提供了丰富的有机质。由于云南大部分地区地处亚热带、热带，热量丰富，降水丰沛。丰沛的降水不断冲洗着富含铝、铁等金属离子的成土母质，使其中易溶矿物大量分解、流失，湿热的气候加速了土壤中铁的氧化，活动性较差的铁、铝氧化物残留了下来，把土壤染成红色。我国南方特别是云南、贵州、广东、广西、海南等省区的大部分土壤皆为红色。那么我国北、中、西、东的土壤主要呈什么颜色呢？我告诉大家：我国东部呈青色；西北呈白色；东北呈黑色；中部的黄土高原，为黄色。这与中国道教中东青龙、南朱雀、西白虎、北玄武的颜色相符。中为黄色，黄土高原为华夏文明的发祥地之一。这五种颜色又与中国五行中金、木、水、火、土相对应，因此就有"五色土"之说。

现在各位请看窗外，又有一个湖，它是著名的"滇中五大湖"之一的阳宗海。阳宗海位于宜良、呈贡、澄江三县之间，古称明湖。它形如草鞋，两头宽中部略窄，南北长约12千米，东西宽3千米，面积30平方千米，平均水深22米，最深处30米，是我省第三深水湖，是一个典型的高原断陷湖，湖东北面的汤池河为出水口，湖水汇入南盘江最后归入南海。阳宗海1992年9月被列为省级旅游度假区。它碧波粼粼、景色秀丽，吸引了不少中外游客，也吸引了投资者。有朋友问了，这仅仅是个湖，你怎么把它称为海？是不是云南地处内陆高原，没见过大海，向往大海的缘故呢？其实这个问题许多人都问过我，有人还把它编入"云南十八怪"。如滇池彝语谓之"洛朵黑"，还如文山的"普者黑"，其他如洱海、通海……按云南方言音直译，"海"字自当写作"黑"字，但因汉字是表意文字，若将彝语直音完全译作"黑"，则音存而义非，实不相宜。所以，古人以"海"代之，不仅音近义似，而且两全其美，二者可以得而兼之。

各位朋友，我们已来到我们今天的目的地石林的精华景区之一——大石林景区。各位带好随身携带行李，准备下车随我去一览石林的风采。

各位请看，现在呈现在大家眼前的是著名的"石林湖"。它是根据周恩来总理的建议而修建的。1955年4月，敬爱的周恩来总理、陈毅元帅到石林游览，周总理看到这里的洼地里只有很少的水，再看看石林的景观，说"有山要有水，有水就不枯燥了！"听了总理的建议，人们就把原溶蚀洼地进行了人工改造，使原来一小小溶蚀水池变成了今天的石林湖。各位请看，这平静的湖水中石簇擎天，恰似天然的大盆景。在这丛丛石峰中有一石酷似传说中的观音，各位请仔细找一找。对，就是她，好一尊"出水观音"，正因有此观音石，有人也把此湖称为"观音湖"。

我们现在看到的这个小池名"狮子池"。您看，池边的大狮子在照看着池中几只嬉闹的小狮子。这整座山也是一个大狮子，守护着神奇的石林。

现在各位随我上山，先去纵览石林全貌。狮子亭是我们今天游览行程中最高的地方，海拔 1 750 米，是远眺石林全景最佳的位置之一。

登上狮子亭，朝南可指点石海惊涛，苍茫浩瀚的大石林奔来眼底；向东可俯视湖光山色，烟波浩渺的石林湖"犹抱琵琶半遮面"。有道是"不登狮子亭，不算游石林；一登狮子亭，全身醉石林"。有人称石林是"中国风景之最"，与长江三峡、桂林山水和吉林雾凇并称为"中国四大自然奇观"；也有人说石林是"中国造园之源"。

"这莽莽石林是怎么'长'出来的呢？"问得好，既然是"石林"，就应该有一个生长过程。

我们眼前这些岩石是怎么形成的呢？这就要追溯到泥盆纪到早二叠世时期了（距今 5.7~2.5 亿年前）。那时候石林所在的滇东一带是沉在海中的。当时气候温暖潮湿，使海洋中的生物生长快且种类繁多，有珊瑚、孔虫、瓣鳃及各类腕足动物等等。这些生物死亡后其骨骼与沙、泥质一起沉积。至 2.7 亿年前石林成为热带浅海，海底沉积了巨厚的（1~2 千米）浅海台地生物礁相灰岩。后来由于地壳运动，这里被抬升，海退成陆。地面受到侵蚀，形成准平原状态，逐渐陷落成湖盆，进一步产生溶蚀作用。到喜马拉雅造山运动时期，这里又再次被抬升。在岩层抬升过程中各种外力因素如水、土、生物等的作用才形成今天我们所看到的千峰林立、高耸入云、彼此相间、形态多样的奇特地貌。

各位朋友，云南石林的发育与其他同类地貌地区相比具有多种形态并存、高大石林（最高者超过 40 米）集中发育、保留了高原期和湖盆原始古地形的特点。世界各地的剑状喀斯特地貌，论面积之广大、保存之完好、发育之典型、年代之古老、造型之独特、类型之齐全，云南石林首屈一指。更有甚者，它与民族文化紧密相连，它以独一无二的雄姿、神韵、意境和无法抗拒的魅力，当之无愧地赢得了"天下第一奇观"的美称。

各位观赏完大石林概貌，耳闻了石林成因，了解了石林的价值，我想大家早就按捺不住探奇的冲动了。好，要识石林真面目，各位就请随我进"林"中一探究竟吧。

参观石林，随时间的不同、角度的变化、光线的强弱，会产生不同的景观。还要提醒大家，游览石林您可一定要发挥想象能力。

各位请看，这是个小小的池塘，发现塘里有何"物"？两头小水牛正在嬉戏，脊背时隐时现，一派田园情趣。这是石林中的一景——"青牛戏水"。

现在各位请直视前方，一堵巍峨雄壮的岩石挡住了我们的视线，这不由得使人想起中国古典园林中欲扬先抑的造景手法。此石似天然屏风遮掩住石林奇景，好像不愿让游人一眼就看到石林的奥妙，因此我们把该石称为"石屏风"。

走过"石屏风"我们的游程将渐入佳境,各位在观赏石头时,别忘了欣赏题刻。过"鲜鱼头","石林胜境"到了。各位请看前方,是否有似曾相识的感觉?这里就是在许多影视作品、书刊照片中出现过的"石林胜境"。"石林"两个鲜红的隶书大字,也就是我路上给大家讲过的1931年龙云视察石林所题"石林"二字。而"龙云题"三字则是龙云的儿子龙绳文于1985年9月22日来石林亲笔书写后刻上去的。现在请大家抓紧时间拍照留念。

现在我们来到石峰之下,各位请看:"天造奇观""南天砥柱""大气磅礴""万笏朝天""顶天立地""天下第一奇观"……

这些摩崖石刻与四周奇妙的自然景观相辉映,摄魂夺魄,给人以美与奇的感受和想象,既是石林的写照,又启迪人们要有"石"的风格和气魄。

现在我们往里走。各位请驻足,抬头看:在两峰之间夹有一摇摇欲坠的巨石。这里用"千钧一发"来形容最贴切不过。大家过的时候一定要轻手轻脚,屏住呼吸,不然那巨石就会"掉"下来。好了,过了"千钧一发",各位可以放心了。其实这块巨石在这里"定居"已经300多万年了,经历了无数次地震的考验,是不会掉下来的。

沿途走来,石峰如剑,直刺青天。这里是剑状喀斯特表现最典型的地方,游人称为"刀山火海"。

过一石洞,峰回路转,我们来到了一小憩之地——"且住为佳"。两峰底部凹成室,如厅似屋,仿佛是专门为走累的游客准备的小憩场所。这个石屋的形成其实是水与土共同作用的结果,地质学家称其成因为"土下溶蚀"。我们在此小憩,转过身再看刚才我们所过石洞上方的4个大字"无欲则刚"。这四个字出自林则徐的堂联"海纳百川,有容乃大;壁立千仞,无欲则刚"。刻在这里,隐喻似谜,给人以联想。

小憩之后我们到达大石林中海拔最低的地方——"剑峰池"。

这"剑峰池"是大石林中最幽深的地方,也是石林最神秘之处。"剑峰池"池水清澈,天光云影、四周群峰秀色尽在池中。池水来自地下,旱季不涸,雨季不涨。在石林深处能保留这样一处天然池水实属难得。池中一石峰酷似宝剑,"剑柄"投入水中,"剑身"上书"剑峰"二字,池名由此而来。"剑刃"是一次地震中落入水中的。

游罢"剑峰池",我们来到"极狭通人"。各位请看,两峰相挤处,仅有30厘米宽的空隙。此景名取自陶渊明《桃花源记》中"初极狭,才通人"的典故。若从"剑峰池"继续往前游,此处是必经之道,但身宽体胖者至此,只得望路兴叹。当然,此景名也可引申表示为通过了这狭窄的通道,便可进入风光无限的"石林桃花源"。

进入"石林桃花源",让我们展开想象的翅膀,尽情地观赏吧!

在这里仰天俯地,上可观天,下可察地。身临其境,您是否有"仰观宇宙之大,俯察秋毫之末"的感觉?

这"古藤同心结",祝您爱情甜蜜,家庭幸福。

"双鸟渡食"。这上天精工雕塑的神品,让您不要忘怀"羊有跪乳之义,鸟有反哺之情"。

石峰之顶一头小象,遥望远方,似在等待、在企盼。这便是"象踞石台"。

"千年龟",撒尼人说,见了它"心想事成",摸摸它"长命百岁"。

"石钟"是乐神赠给石林的宝贝,您会惊奇地发现,这石钟能奏出您的心声。

各位朋友,如果说刚才我们是在天然雕塑博物馆中邀游的话,那么现在我们登上了石林另一个览胜点——建在约30米高石峰顶上的望峰亭。此时您是否找到了"会当凌绝顶,一览众山小"的感觉?此亭初建于1931年,重建于1971年。

"阿诗玛在哪里呢?"您别急,阿诗玛就隐藏在这茫茫"林"海中,我们现在就一路寻去。但途中还有许多奇景在等着我们。

曲径通幽,进入一石洞,四周俱是高耸的石壁。各位立于洞中可以感受一下什么叫"坐井观天"。

由"坐井观天"往前,两边是直插云表的石壁。一堵石壁似被拦腰斩了一刀,留下一条窄窄的缝隙,由此仰观苍穹,天只有细细的一条线,故叫"一线天"。

有朋友问,石林里面有人住过、生活过吗?答案是:有。清朝咸丰年间,路南县爆发了由赵发领导的响应太平天国起义的彝民起义。当年赵发率领起义军就住在石林中。

这里就是义军扎营的地方。这里有石桌、石凳、石床,那有一香炉,这还有一泓清泉。

在这边石壁的底部,有一可容一人出入的小洞。相传此地为赵发关押战俘的监狱,因此得名"石监狱"。若钻入洞中便会觉得豁然开朗,天更高、更蓝。看到这个石洞您还会联想到什么?对了,电视剧《西游记》中压在五行山下的孙大圣。

大家看,那好似凤凰的大石,蹲立石巅,它正回头梳理美丽的羽毛。这就是我们在望峰亭远观过的"凤凰梳翅"。

远处一巨石,从中分作两半,似用鞭子抽成,鞭痕隐约可见。传说这是阿黑在寻找阿诗玛途中被顽石挡道,他奋力扬鞭,将巨石抽成两半,留下了这"神鞭石"。

现在我们来到的是外围石林景区,在这里我们将看到"苏武牧羊""漫步从容""母子偕游""望夫石""喜相逢""骆驼骑象"等景点。

现在我们来到莲花池旁,请各位稍事休息,我们马上就要见到"阿诗玛"了。这莲花池是因水中一石酷似莲花而得名,是一人工修建的池潭,是游完大石林后休息的地方。池中有鱼儿，有兴趣的游客可投食喂鱼，感受一下人与自然和谐共处的情趣。

现在，我们继续上路，去寻找"阿诗玛"。

小石林位于大石林东北部。如果说大石林以其雄伟、诡秘取胜，那么小石林则以玲珑剔透、清新俊雅著称。如果把大石林比作阿黑哥，那小石林可就是阿诗玛了。是的，我们要寻找的阿诗玛就立于小石林中的玉鸟池畔。

各位请看，取经路上的唐僧也被石林美景吸引来了，正在那里打坐念经呢，人们称它为"唐僧念经"。看此石，如一只调皮的猴儿，看那嘴那脸，与真猴子形似神更似，人们称它为"悟空石"，原来唐僧的大徒弟正在此操练呢。沙和尚走得慢还没赶到，而猪八戒嘛，还躲在外石林偷懒睡觉呢。

沿途我们可看到"池畔恋人""越王剑""三石门"等景点。细心的客人可能会发现在草丛、石缝中隐蔽着一些灯箱。我要告诉大家，这里是夜石林的主景区，当夜幕降临后，一盏盏不同式样的聚光灯、追光灯、碘钨灯以不同的颜色和角度，将整个小石林装点得五彩斑斓、妩媚动人，座座石峰、块块奇石，随着光照的强弱变换和色彩的转换，仿佛都活起来与人同游。

绕过草坪，沿夹道穿行，展现在我们面前的是微波粼粼的玉鸟池，"阿诗玛"在哪呢？各位正前方这尊巧夺天工的传神杰作，就是撒尼人心中的好女儿——"阿诗玛"。"阿诗玛"彝语意思是金子般美丽的姑娘。

阿诗玛是撒尼人最尊敬的理想人物。这里的石峰因她而多情，她又因石林而名扬天下。她的美，已化成奇花异草；她的情，铸成永不衰败的艺术品。这尊石像现已成为我们云南旅游业的标志了。后人在这里刻下了毛泽东主席的咏梅绝唱，陪伴阿诗玛。

找到阿诗玛，我们今天的石林之行将告一段落。一会我们将驱车去往石林的下一个景区——乃古石林。

乃古石林位于大、小石林景区的北面，距大石林约8千米，乘车需15分钟。刚才我们游览的大、小石林，有众多的人文景观，而我们即将到达的乃古石林则保存了天然的风貌，几乎没有人工雕饰，更具原始的野趣。乃古石林将作为石林核心区申报世界自然遗产。

乃古石林石柱林立，雄奇壮观，属典型的喀斯特地貌。"乃古"是撒尼语，即"黑色"的意思，蕴含着更原始、更古老之意。所以，乃古石林也可叫黑色石林。其面积约为10.25平方千米，景区地域开阔，山水相连，树石相依，湖光山色别具一格，山野风韵极浓。置身其中，可真正体会到何为"回归自然"。

乃古石林黝黑、古朴，石峰、石柱千姿百态，于刚伟之中见柔巧，远看阔大雄壮、阴森静寂，就像一个古老荒芜的黑色城堡，气势磅礴，令人心悸。乃古石林现在开发出来的游览区仅占总面积的一半，目前景区游路全长约5千米。已命名的景点近百处，按景区分布状况，分东、西两个游览区，五个主要片区，名称都很形象，各位听名字大概就能想象出它们的风采，它们分别是："良缘林""峰上望""地下钻""地上转""古林逛"……另外还有白云湖和长400多米的白云洞。还有大量未定名的景点，期待着大家充分发挥想象力，为其命名。

游乃古石林大约需要两个小时。对面的石峰像不像个"古城堡"？如果大家仔细看看，会发现在"城墙"上面有许多"卫士"紧靠在一起，因此此景取名"众志成城"。如果大家把整片石头连起来看，您会发现它又像一只小船。这就是乃古石林的魅力。左边是船尾，右边是船头，中间还站着一群人，他们有的背靠背，有的面对面，神态各异，仔细数一数，好像有八个人。此景叫作？对，"八仙过海"，大家都想到了。那您是否能辨认出谁是张果老，谁是铁拐李呢……

看过玉帝抛下的"神牙"，领略了伸向天空的"佛手"，我们跟着这对"骆驼"去看"猪八戒背媳妇"。

各位请顺着我指的方向看，四根石柱两两相对，分别一高一矮。这里引用了中国一个非常著名的故事来为它命名——"十八相送"。您看左边的"祝英台"带着她的侍女"银心"，右边的"梁山伯"带着书童"四九"。他们走了一程又一程，道不完的离别之情，说不完的惜别之话，难舍难分。

我们往前走几步，再来看"十八相送"，您发现什么了？"书童、丫环哪里去了？"原来"银心""四九"为了方便"梁山伯"与"祝英台"互诉衷肠，都知趣地躲到一边去了。看来我们也得识趣点，放轻脚步，慢慢离开，千万别惊扰了"梁祝相会"。

现在我有个问题要问各位："狮身人面像"在哪里？"在埃及"。我们都知道埃及有"狮身人面像"，那是埃及古老文明的象征。各位请看那是什么？上面是人的面孔，下面是狮子的身子，这是我们乃古石林的"狮身人面像"。埃及的造像是人工所为，而乃古的造像则来自大自然的鬼斧神工。

石崖上有一头"小象"正凝视前方，像在寻找失散的母亲。在乃古石林大、小石象颇多，也许很久很久以前这里确有象群活动也未可知。感兴趣的朋友可留意数一数，看谁发现的"象"最多。

现在各位看远处那片石林丛中，有两座相邻的石峰造型更显奇特，像两头在斗殴的"金猪"拱嘴、甩尾，正咬得胜负难分。左边还有两块石头，哦，原来是"银心"和"四九"跑到这里来看"金猪"斗殴来了。

现在各位要多加小心，随我往上攀登。我们到达的地方是乃古石林最高的地方——"峰上望"。有没有朋友数过我们登了多少级阶梯？对，82级。在这里我们可俯瞰乃古石林全景。那里就是"云湖"。此湖因湖面常有云雾笼罩而得名。

晨起观湖，如蓝天白云坠入湖中，满湖湛蓝，白云浮动；暮时观湖，石峰危崖倒映，胜似一幅绝妙油画。在冬天的早上，湖面常云雾袅袅，把乃古石林包裹了一半。湖中有两个小岛，一名"蓬莱"，一名"瀛洲"。

远处怪石嶙峋，千峰耸立，万千姿态，气势磅礴。长长的石林就像千军万马，排成了一条长蛇阵，士兵们正整装待命。那边的高台唤作"聚仙台"。传说戈自（彝族神话传说中的人物）天神召开军事会议，众神会聚一起共商大事，决定派戈自的女儿阿美诺下凡间帮助撒尼百姓。"峰上望"过之后，从"尖刀山"继续往前走，下150多级台阶后到后面去——"地上转"。与刚才我们游过的大、小石林相比，我们发现，大、小石林千峰比肩，大小高度较为接近，远观只见一片片密密簇簇，似缺少变化跳跃；近赏则大不相同，大自然精雕细琢，使得顽石无论鸟形、兽状，或拟人、状物，均神态逼真。而乃古石林的石质黝黑古朴，岩性不均匀，所状之物，更觉似像非像。但是，当您身临其境，顿觉山禽鸣岗，危石森森，山风阵阵，花香袭人，您是否嗅到了迎面而来的山野味，感受到了未加修饰的粗犷、自然美？

您看那一片巨大石林，其根部是连在一起的整体，顶部却参差不齐，妙不可言，这就是著名的"独石成林"。

这边石峰顶部下凹成盆状，盆口朝天，尽收甘霖雨露，因形似北京北海公园的铜铸"仙人承露"之盘，因此取名"承露盘"。一块巨石从石峰上掉落下来，正好被两边的石崖夹住了。此景酷似"千钧一发"，在此我们给它取名为"双峰坠石"。

前面我们将进入"动物园"，各位请看："双象戏水""猛虎下山""玉面狐""南天神骏""玉兔盼月""天狗望月""鸵鸟寻幽""乌龟采宝""石龙修炼""龙虎斗""群兔嬉戏""双狮恋"等等。在"动物园"中还有神奇的"石破天惊"，有王母娘娘遗落的"钻戒"，还有一块形似8字的"发财石"。现在我们置身乃古石林中心广场，这里地势较平坦，四周奇石甚多。这根石柱极似人形，各位看"她"的头型和鼻子，不像亚洲人吧，我们称其"英国女王"。"她"是哪一位女王呢？这得自己去问问"她"了。这边有一个"打坐观音"。英国女王和观音菩萨都被吸引到了这里，可见我们乃古石林的魅力之大。

剩下给大家两个小时自由活动时间。乃古石林欢迎远道而来的朋友，祝各位游得尽兴，玩得愉快！

（资料来源：导游管家.云南天下第一奇观.搜狐网站, http://mt.sohu.com/20161010/n469876545.shtml.）

韶关丹霞山导游词

各为游客朋友，大家好！很高兴能有幸陪同大家一起游览我们广东著名的风景名胜区——丹霞山。首先我把丹霞山的概况简要地给大家介绍一下。

丹霞山坐落于仁化县城南约 9 公里处，距韶关市区 56 公里。丹霞山与南海罗浮山、博罗罗浮山、肇庆鼎湖山并列为广东四大名山，1988 年被国务院定为国家级风景名胜区。全山均为红色砂砾岩，远眺全山，"色如渥丹，灿若明霞"，因而又有人称之为"红石花园"。它的地质岩层是由碎屑红岩、砾石岩和粉状砂岩所组成，含有钙质、氧化铁和少量石膏，呈丹红色，是砂岩地质的代表。这种地形和福建的武夷山、韶关的金鸡岭等同属丹霞地貌。丹霞山古称烧木佛旧地，又称长老寨。据《广东省通志》记载，丹霞山在残唐五代时期已有佛教居士法云在山上之锦石岩憩息，至南平时期，有僧伽构造堂室，供奉佛像。明代末年(1645)，虔州巡抚李永茂、李充茂兄弟来山经营，开凿石阶，修筑关门，建造房舍，作为隐居之所，并更名为丹霞山。

丹霞山主峰海拔 409 米，它与众多名山相比远不算高，也不算大，但它集黄山之奇、华山之险、桂林之秀于一身，具有一险、二奇、三美的特点。风景区划分为上、中、下三层以及锦江风景区、翔龙湖和被誉为天下第一奇景的阳元山，上层是三峰耸峙，中层以别传寺为主体，下层以锦石岩为中心。300 多年前澹归和尚在丹霞山开辟别传寺时，曾挑出 12 处风景，命名"丹霞十二景"：锦水滩声、玉台爽气、杰阁晨钟、丹梯铁索、舵石朝曦、竹坡烟雨、双沼碧荷、乳泉春溜、累顶浮图、虹桥拥翠、片鳞秋月。

丹霞山一年四季无论晴雨早晚，都有不同的景色供游人观赏。早上，可以在丹霞山看到日出的奇观和滔滔云海；晚上，可以看到绚丽的晚霞和恬静的夜色；雨天，极目远眺，使人胸怀开阔，万虑顿消。至于春夏秋冬四时景色的奇妙，则只有身历其境者，才能体会到。

一进入丹霞山风景区，迎面是丹霞门楼，门楼金碧辉煌，牌坊上刻有前全国人大常委会副委员长习仲勋所题的"丹霞山"3 个大字。沿上山小道至半山亭前，左转往锦石岩方向，先见一石岩，上接峭崖，下临深壑，形势险要，有如关隘。北宋时，佛教居士法云攀幽缘崖至此，为此处的景致所陶醉，便驻足憩息，并赞叹曰："半生都在梦中过了，今日终觉清虚。"后来将此处称为"梦觉关"。这石岩虽仅丈把宽，但极端整，形状犹如佛龛，踞其上可一睹脚下锦江、头上云石之风采。过"梦觉关"不远即见一处风化的岩洞，上面刻有"幽洞通天"4 个大字。这里竹篁掩映，绿树婆娑，洞前有一块小坪，下临昔日的锦石尼庵山门，可俯瞰碧水，聆听滩声，在这稍作休息后就可以循洞探幽了。

从"幽洞通天"向前约 1 000 米，迎面一座山崖倚天矗立，山崖自上而下劈开一条窄缝，长 200 米，高 40 多米，宽才 1 米左右，最窄处仅 0.7 米，成为从"幽洞通天"到锦石岩的一条奇险小径。从这走过只觉两侧绝壁耸立，势欲倾倒，仰视苍穹,唯存长天一线,长在两边崖缝的灌木枝叶竟然参差交错,不时有岩鹰疾若流星,更增添了这里的神秘气氛。

在丹霞山众多的岩洞中,锦石岩最为吸引游人,它因石壁五色间错、四时变态而得名。锦石岩是丹霞山开发最早的地方,至明成化年间,此处僧人遍植松杉,并建构起伽蓝堂廊房和寺庵。站在锦石岩洞口,向外可以看到一道飞泉从天而落,在阳光折射下犹如彩虹飞舞,这就是"丹霞新十二景"之一的"锦岩飞瀑",瀑布名叫马尾泉,古称"龙尾泉"。泉水源头在海螺峰右边的山洞中,泉水流出地表后,从锦石岩上面的山顶上飞泻而下,形成200多米长的悬泉瀑布。锦石岩是由前后四个岩洞连成一体,分别叫千圣岩、祖师岩、伏虎岩和龙王岩。其中以伏虎岩为最大,深有20多米,高约4米,可容数百人。在洞内原供奉着五百罗汉像,可惜在"文革"期间被破坏,1981年重修毁坏的佛像,并新塑了观音菩萨三十二"应身"。赵朴初先生有诗赞曰:"有朋自远是何缘,锦江人到锦江边。抟泥选像无疲厌,驰想敦煌叹昔贤。"与伏虎岩紧靠的龙王岩,洞的内壁有一条岩石皱起像蜂房形的纹络,状如鳞甲,时隐时现,长数十米,就像一条鳞甲鲜明的巨龙穿插缠绕于岩洞中。这些惟妙惟肖的"龙鳞",其表面附生着一种微生物,可随气温和湿度的变化而变换着赤、橙、黄、绿的颜色,显得斑驳陆离,十分神秘。此处就是"丹霞山古十二景"之一的"片鳞秋月",也称作"龙鳞片甲"。

看过锦石岩之后,沿原路往回走,过半山亭右转,迎面蓝天只剩一线,两旁峭壁笔立,在峭壁之间修有一关门,其险无比,真可谓"一夫当关,万夫莫开"。然而当你回身远眺时,如带的锦江在参错排列的诸峰之间蜿蜒,又是一番情趣。

步入中层风景区首先到达的就是岭南有名的别传寺。别传寺原建于明末清初,明朝遗臣原江西赣州巡抚李永茂及其弟等人,为避乱世,花了100多两银子买下丹霞山作隐居之地,并凿石为阶,铺路架桥,建筑房舍,还将各处岩洞垒石隔成房间以供居住,使这个昔日偏僻的山沟逐渐兴盛起来,后来竟成了明朝遗老遗少避乱的世外桃源。不久,李永茂去世,其弟李充茂去广州海幢寺见到明末抗清义士澹归和尚,将丹霞山捐出,请澹归到丹霞创建寺院。澹归到丹霞山后,一面根据丹霞山的地形特点设计了营造图,一面四处活动筹集营建的资金和物资。在澹归和尚及其弟子们的苦心经营下,终于建成了一座颇具规模的寺院,取"不立文字,教外别传"之意,名别传寺,成为当时岭南十大丛林之一。

丹霞山的石峡仅此一处,是登山顶所必经之路。这里石裂为二,形如合掌,中间露出一峡道,高达数丈。峡内幽暗时有如昏暮,仰视只见天光一线从峡顶斜射而入。其景观之奇特,完全是天造地设。从石峡中攀登而出便是二关门,它皆以方石筑成,狭隘仅可通人。这里下临石峡,上望霞关,古人所言"一卒当关,万夫莫敌",可为二门关写照。

由丹霞山的中层到上层，本无道可通，后人在二关门后的悬崖峭壁上开凿石阶，并在旁边安上铁索链，才成为通道。这里是一处裸露的红岩峭壁，两旁空旷，无所依傍，百丈丹崖直下涧底。站在丹梯之上，尽管能纵目如簇的翠峰、似练的锦江，却令人目眩心悸，不敢在此长久滞留。在丹梯的右下方石壁上镌刻着"宜若登天"4个大字，形象地道出了此处的险峻。丹梯铁索的上端是霞关，旧称海山门，为登山踏顶的唯一隘口。它采用丹霞山的红色砂岩砌就，高2.5米，宽3米，关门狭窄处仅0.8米。这一路上穿石峡，过二关，攀丹梯铁索，一处险于一处，最后出得霞关，就到达上层风景区了。

在上层风景区最南端，有丹霞山的观日亭，它在长老峰之顶，分上、下两层。有人说过，在丹霞山观日出绝不下于在黄山莲花峰观日出。也有人盛赞："游尽日出风景地，独有丹霞日出美。"如果遇上天气不好，在东方天际云层涌动之处，一片淡橙色的霞光隐隐泛起。蓦然，一条秀眉般微弯狭长的光带出现，接着是无限的红波由天外铺来，这时太阳慢慢升高着，如一颗滚动的火球，忽浮忽沉，历经两三次起落后才继续往上升腾。

有的朋友曾慨叹，几次上丹霞山都看不到日出，这是因晴雨不常，要靠碰得巧。即使有日出，壮观与否也要取决于季节及天气。一般来说，夏末和秋冬季节较为适宜，最好是前一天下午下了点小雨，接着天晴，第二天薄雾缭绕，那可是观赏壮观日出的难得机会了。

在海螺峰龙王岩前，有一"丹霞古十二景"之一的"乳泉春溜"。乳泉又称石乳泉，泉水自岩下汩汩而出，清洌甘甜，滑如石乳。清代顺治年间，仁化有一读书人叫刘松涛，在此攻读诗书，见甘泉清爽，即凿井两口。李永茂买下此山后，他的侄子李经宇隐居于此，依岩建造楼阁，取名"龙王阁"，并筑亭护井，点缀松篁，使这里的风景别具神韵，成为"丹霞古十二景"之一。可惜年长日久，昔日亭阁已全倾圮，仅剩二井盈盈，清泉依旧。如逢春日，泉流汹涌，泻下深涧，潺湲有声，令人发思古之幽情，叹天地之灵气。位于海螺峰与宝珠峰中间背山谷有一条4米长的巨石，该石势如长虹，又平整如桥面，是由海螺峰去宝珠峰的唯一通道。"桥"的两侧，一边下临深壑，一边连着山崖。连山崖的一边，篁竹繁生，清幽奇秀。此处又是观看日出的好地方，尽管角度不同，但与长老峰观日出仍有异曲同工之妙。由"虹桥"继续往东行，有一片松林，如海如云。山风徐来，林海松涛哗然作乐，时而像海潮骤来，万马奔腾；时而像轻歌曼舞，美妙无比。在这里聆听大自然的天籁，会使你烦念顿消，超尘脱俗而心境愉悦。"舵石朝曦"位于宝珠峰的北端，是本山的最高点。丹霞山本体山峰的形状宛如一艘巨轮，泊于锦江之畔。宝珠峰在船尾，峰顶东南端崛起一块红石，就像船舵一般，因此得名"舵石"。每当旭日东升的时候，这里金光璀璨，朝霞似锦，一草一木、一石一岩都反射出金红色的光彩，十分壮丽。

锦江的名字美丽，然而它的景色更加美丽。锦江水源于江西崇义县仙人岭，蜿蜒百里经仁化县城而来，绕丹霞山向南流入浈江。一路奔流于山岭之间，两岸的山峰在绿水中印下了身影。丹山碧水，相互映照，景色非常迷人。到丹霞山旅游，如果仅仅登山游玩，而没有游览锦江，那么你的游程只能算是完成了一半，将是万分遗憾的。游锦江可在山脚的码头乘坐游船，在游船上的船工会沿途给你介绍江上和江边的美妙景色。

"碧海龙吟"为"丹霞新十二景"之一。1984年在右侧的山谷靠锦江处修筑了一个人工湖泊，名为碧湖，湖面宽137亩，库容量达58万立方米。这个人工湖泊形如一弯新月，湖水浩渺，波光粼粼，在碧若玉盘的湖面上倒映着丹霞山的秀美身姿。若驾一叶扁舟，于碧波中寻幽览胜，倾听那龙吟似的汩汩泉声，自然可以令人生发出万般遐思。在溢翠宾馆后面的锦江河上，有一条铁索桥，是通往南岸锦园度假村的行人索桥，名为"九索桥"，又称"鹊桥"。该桥建于1986年，桥长80米，宽2米多。由5条钢索平行并列为桥身，上面铺木板作桥面，两侧各有两条钢索作为扶手。整个桥身就靠这9根钢索连接在两头的桥墩上。游人走在桥上，整条桥就会左右摇摆，但又绝对安全，可谓有惊无险。站在桥下仰视鹊桥，有如凌空飞彩练；站在桥上俯瞰锦江，则见碧水映长虹。这里既是沟通锦江两岸的交通要道，又是一景观，被称作"九索长虹"。

从小码头登上游艇，看两岸青山徐徐后移，听"锦水滩声"悄送情歌。船行100多米，左前方一山迎面而来，此山形状恰似一只大乌龟，龟头、龟甲、龟尾清晰可见，形神兼备。龟头所向，正是丹霞山别传寺的山门。待船至"龟尾"时，回头再看，则只见"龟头"徐徐缩进了龟甲之内，形象之逼真、动作之酷似，令人叹为观止。

游船再往前行，两岸石岩千姿百态，水中礁屿或藏或露，"打鼓洞""卧牛石""六指擒魔"等等奇石，不但造型逼真，而且都有一段离奇的传说。江水澄清碧透，在浅水处，能见游鱼悠悠摆尾，彩色的锦石耀眼生辉；水深处则江水浓如翡翠，将两岸青山摄入江中。在如诗如画的江岸长廊中，过沙滩，泛平湖，几经曲折，游船终于来到一抹平沙的车头村。这里是游船的终点站，离出发点已有十几里了。舍舟登岸，沿着沙滩可以寻觅玲珑的锦石，可以在岸边小摊购买丹霞还魂草。流波撷胜的游程定会使你获得"千山依序入画屏"的美好感受。

在乘船游锦江而下4里处，左岸小山峰上有一座观景亭。离船登岸，顺石阶上亭阁，四周景色尽收眼底。云雾缭绕其间，使人如置身于仙山琼阁之中，这里便是"丹霞新十二景"之一的"仙山琼阁"。向后仰看，只见丹霞山主峰犹如一艘巨轮乘风破浪，又似一只高大的骆驼正在跋山涉水。向前眺望，"姐妹峰"亭亭玉立,脉脉含情,朝夕相处,形影不离;"拇指峰"犹如大地伸出"拇指",赞美秀丽的丹霞景色;"茶壶峰"亦十分逼真,有壶盖、壶嘴,唯独没有茶壶把手。传说古时候姐妹二人热情好客,争着给远方的宾客斟茶,一不小心扯脱了壶把,香茶溅下锦江,香溢30里。在茶壶峰前后的燕岩、平顶寨又如一张茶几和一只茶杯,与茶壶峰相映成趣。最远处有一峰直立,形如观音菩萨,观音前面更有两座小石峰,宛如金童玉女,形成了"童子拜观音"的绝妙之景。

  各位游客,丹霞山的游览就到此结束了,希望大家玩得愉快,游得开心。

  (资料来源:佚名.广东韶山丹霞山导游词.中国教育资源网, http://www.chinesejy.com/shixi/daoyouci/guangdongdaoyouci/437128.html,2016.10.10.)

二、水域风光类

黄果树瀑布导游词

  女士们、先生们:

  今天我们将要游览的风景点是黄果树瀑布。黄果树瀑布是中国第一瀑布,也是世界上著名的大瀑布之一。1982年11月,经中华人民共和国国务院审定,黄果树瀑布已被列为国家重点风景名胜区。

  黄果树瀑布距省城贵阳市137公里,位于贵州省西部镇宁县和关岭县接壤处的打邦河支流的白水河上。从贵阳乘车到黄果树,约需一个半小时时间。

  黄果树瀑布高68米,加上瀑上瀑6米,总高74米,宽81米。夏秋洪水暴涨,瀑布如黄河倒倾,峭壁震颤,谷底轰雷,十里开外,也能听到它的咆哮。由于水流的强大冲击力,溅起的水雾可弥漫数百米以上,使坐落在瀑布左侧崖顶上的寨子和街市常常被溅起的水雾所笼罩,游人谓之"银雨洒金街"。冬春水小,瀑布便分成三五绺从岸顶上挂下来,远远望去,那洁白的水帘飘然而下,扬扬洒洒,如绸缎飘舞,如仙袂飘举,如淑女浣纱……数百年来,黄果树瀑布的雄姿一直为许多文人学者所惊叹。清代贵州著名书法家、"颐和园"3字的题额者严寅亮在"望水亭"题写的对联"白水如棉,不用弓弹花自散;红霞似锦,何需梭织天生成",更是形象而生动地概括了黄果树瀑布的壮丽景色。

  现在,我们来到了瀑布跌落处——犀牛潭。此潭乃因传说有神犀潜藏水底而得名。有没有神犀,谁也没有见过,但潭水的神秘幽深,至今依然,任何人驻足潭边,都会浮想联翩。若是晴天的上午10时或下午4时左右,由于阳光的折射,你还可以透过瀑布冲击时溅起的雨雾,看到从深潭中升起的七色彩虹,使你顿生雄姿盖世、艳丽昭天之感。

  这个瀑布为什么起名叫黄果树瀑布,而不叫其他别的什么瀑布呢?据民间传说，是因为瀑布边上有棵高大的黄桷树，按当地的口音，"桷"与"果"读音相同，所以人们就习惯称之为黄果树，这是一种说法。还有一种说法，传说很久以前瀑布附近的农民都喜欢种黄果，瀑布边上就有一大片黄果园，因此就把这个瀑布称为黄果树瀑布了。

与世界上其他著名的大瀑布相比，黄果树大瀑布虽然没有非洲维多利亚大瀑布、北美洲尼亚加拉大瀑布、委内瑞拉安赫尔大瀑布那般宽阔、高深和雄伟，但是黄果树大瀑布自有它奇特之处，它是世界上处在喀斯特地区的最大瀑布，也是最壮观的瀑布。这个大瀑布就像是一块奇异的磁石，在它的地面、地下、水上、水中还吸附着一连串风姿绰约的景致。其中最神奇的一处，就是隐藏在大瀑布半腰的崖廊洞穴，由于洞外藤萝攀附，水挂珠帘，故曰"水帘洞"。这是世界上其他大瀑布所没有的奇特景观。

女士们、先生们，"水帘洞"已经到了，这个"水帘洞"全长134米，它由6个洞窗、3股洞泉和6个通道所组成。根据古典名著《西游记》改编的大型电视连续剧《西游记》中"水帘洞"一场戏，就是在这里拍摄的。

这是第一洞窗，它的位置最低，离犀牛潭水面仅40米，但则最宽大，有十几米宽，位置在第一、二个瀑布中间，大水时两个瀑布就连成水帘，将洞窗全部封住；水小时则次第拉开，从几米到十几米不等，好像可以随意开合的窗帘。

这是第二洞窗，它离第一洞窗仅4米左右。这是一个静谧的世界，号称"水晶宫"。它是"水帘洞"的心脏部分，长11米，高9米，宽3米。路旁有一股泉水，清澈明净，水长年保持在一个水位。洞顶悬挂着许多钟乳石，在麦秆状钟乳石上还有名贵的卷曲石。洞壁上还悬着数不清的石幔、石帘。

这是第三洞窗，它向外突出，很像阳台。这个洞窗有1米高，3米长，外面围有护栏，游人站在护栏后面可以伸手摸到瀑布，所以人们把这里称为"摸瀑台"。

现在我们要游览的景观是犀牛潭峡谷景观。你们看，从"犀牛腰"往下，是一道一道相连的跌水，依次是犀牛潭、三道滩、马蹄滩、油鱼井等等。在这一连串滩潭中，为首的自然是犀牛潭，它深17.7米，经常为溅珠覆盖，雾珠淹没。只要有阳光，瀑布溅珠上经常挂着七彩缤纷的彩虹，随人移动，变幻莫测。

黄果树瀑布为什么会这样呢？这是因为黄果树瀑布地处喀斯特地区，是由水流的侵蚀作用造成的。当溯源侵蚀裂点到达上游时，河水沿着喀斯特裂隙冲刷、溶蚀、冲蚀、磨蚀，管道逐渐扩大，形成落水洞及地下河；当地表河注入落水洞后水量的比例逐渐增大，就形成了喀斯特地区特有的袭夺，在明流注入落水洞处形成落水洞式瀑布。随着水流冲蚀及崩塌作用不断加剧，暗河洞穴越来越大，于是沿地表干谷发育了成串分布的竖井及天窗，它们不断扩大、归并、垮塌，就造成了现今雄伟壮观的黄果树大瀑布和瀑布下游深切险峻的峡谷。

诸位请举起你们的照相机，把黄果树瀑布拍下来，留在你们的记忆中，宣传给更多的人，因为，黄果树瀑布是中国的，同时也是属于世界的！

（资料来源：关于黄果树瀑布景区导游词示例.豆丁网，http://www.docin.com/p-572162384.html，2016.11.）

三、生物景观类
四川卧龙自然保护区导游词

各位游客：

在四川，我们游览了天府之国众多的名胜古迹、自然风光，今天我们将去参观的是享誉海内外的卧龙自然保护区，它距成都100多公里，是一个国家级自然保护区。

卧龙自然保护区位于四川省阿坝藏族羌族自治州东南部的邛崃山脉东坡，地处成都平原向青藏高原过渡的一块高山深谷地带，东西长52公里，南北宽62公里，地理环境特殊，海拔最高6250米，最低1150米。这里地势起伏错落，森林覆盖率高，常年只有春、秋、冬三季而无酷暑，年平均气温12.5℃。天然的温暖湿润条件，为种类繁多的生物提供了良好的栖息和繁衍环境，是保护珍稀物种及高山生态系统的综合性自然保护区。保护区始建于1963年，是我国最早建立的保护区之一，保护区面积达20万公顷。1980年，卧龙自然保护区被批准加入联合国教科文组织人与生物圈保护区网。目前被列为国家重点保护的有大熊猫、金丝猴、牛羚、白唇鹿、绿尾虹雉、珙桐、水草、连香、红豆杉等物种。卧龙保护区的自然景观集山、水、林、洞、险、峻、奇、秀于一体，每年吸引了无数中外游客和科学工作者前来观赏、探索。

目前卧龙自然保护区开放的旅游景点有中华大熊猫园、中国卧龙大熊猫博物馆、动植物标本馆、英雄沟、银厂沟等。保护区内栖息着100余只野生大熊猫，约占全国总数的10%，使其以"熊猫之乡"享誉中外。1981年保护区与世界自然基金会组织合作，在卧龙建立了全世界唯一的"中国保护大熊猫研究中心"，设有6个实验室、大熊猫野外生态观察站、小熊猫生态馆和世界最大的熊猫圈养场。其大熊猫幼仔的出生率、存活率世界领先。世界野生动物基金会将这里的"五一棚"野外观察站作为中外合作进行大熊猫生态观察研究的基地，中外专家可日夜在此观察大熊猫的活动，并把最新科研成果通报给世界各国。卧龙的科学研究颇有成效，已真正成为具有世界意义的自然保护区，并在中外自然保护区中占有重要地位，享有较高声誉。

各位游客，众所周知，卧龙自然保护区以"熊猫之乡"而闻名于世，因此，有必要向各位简单介绍一下大熊猫的情况。大熊猫在几百万年前就已生存在地球上，当时遍布我国的陕西、山西、北京、四川、云南、浙江、福建等地。大熊猫由盛而衰，以至濒临灭绝境地，究其原因，除了几百万年以来外部环境的恶化之外，大熊猫自身生活习性和生育繁殖能力退化是其内在原因。大熊猫的祖先原是食肉动物，现在却偏爱吃素，主要食物是箭竹。箭竹一般40至80年开花一次，每次从开花、结籽到长成新竹需要20年左右时间。一只成年的大熊猫体重可达100至180公斤，每天要吃掉20公斤左右的鲜竹。大熊猫在竹子生长期间极易因食物短缺而死亡。

专家对大熊猫的长期研究表明，大熊猫生殖机能异常低下。由于遗传和环境的原因，许多大熊猫的生殖系统严重发育不良，成年后生殖内分泌机能紊乱，不能排卵或不能正常排卵，以至终身不育。大熊猫性喜独居，每年的4、5月是大熊猫的繁殖期，发情后才愿意进行异性间的接触。雌性大熊猫择偶性极强，非见"白马王子"不抛"绣球"。等5月一过，雌、雄大熊猫又各奔东西。雌性大熊猫怀孕4至5个月，产崽多数为单胎，即使产下双胎也往往只能抚养其中一只。大熊猫幼崽重量只有150克左右，相当于它妈妈体重的千分之一，非常脆弱，极易因缺乏营养、患病、气候恶劣或遭遇天敌而夭折。雌性大熊猫在怀孕和哺乳期内很少采食，并由于独自哺乳、带养幼崽极其辛劳，体力极度衰竭，对其健康和寿命影响极大。大熊猫的寿命一般为20至30年。

由于大熊猫的野外栖息地被严重地隔绝成小块地域，偏偏它们又必须独占很大的土地面积才能保证生存，所以在小块的栖息地内，能容纳大熊猫的数量非常有限。一个种群太小的生物，不可避免地导致近亲繁殖，降低遗传多样性，造成遗传性能、生育能力、生存能力的全面退化。现在野外存活的大熊猫数量极少，在我国约有1000只，被誉为生物进化的珍贵的"活化石"。

现在我们来到的是中华大熊猫园，位于原大熊猫的最佳栖息地和产地。该园一期工程圈养范围为3平方公里，于2000年5月破土动工，同年10月完工，共建有7个半散放场，可将圈养大熊猫放归野外。这里已成为世界上最大的熊猫饲养种群，圈养大熊猫占全世界圈养种群三成以上，数量约占全世界的40%。在未来几年里，政府和商家将再投资7.5亿元人民币进行建设。建成后，该园将年接待旅游者60万人次。

大熊猫博物馆是我国首家介绍单一物种的专题性博物馆。该馆就建在卧龙自然保护区内，占地2700多平方米。这里收藏的大熊猫资料是世界上最多、最完整的。从陈列的资料中，大家可以了解到大熊猫的盛衰史，中国和世界科学家为保护和拯救珍稀动物大熊猫所作出的努力，大熊猫作为"和平使者"，带着中国人民的友谊远涉重洋，到国外攀亲结友、安家落户，深受各国人民欢迎的情况。

你们知道大熊猫是怎样被发现的吗？这里有一个鲜为人知的故事。1869年，一只活的大熊猫在四川雅安被法国人 J.A.P. 戴维发现，其皮被制成标本，现陈列在巴黎法国自然历史博物馆，成为该馆的镇馆之宝。J.A.P. 戴维（1826—1900）是法兰西科学院院士、生物学家，同时也是一名虔诚的天主教徒、传教士。他一生酷爱动植物研究，在中国从事科研和传教活动达 12 年。1869 年春季的一天，他离开传教的穆坪邓池沟教堂，到深山沟里采集植物标本，在一个山民家里讨水喝，偶然发现山民家里有一张非常奇怪的兽皮。这张兽皮的颜色黑白相间，作为生物学家的 J.A.P. 戴维从未见过，他问主人这动物叫什么名字，主人告诉他叫"黑白熊"。这张兽皮立即引起 J.A.P. 戴维浓厚的兴趣，他断定这种动物很有可能是一个有趣的新种类。他急切地问主人在哪里可以见到这种动物，主人告诉他在这山上就有，只要下工夫就能捕捉到。1869 年的 5 月 4 日，J.A.P. 戴维终于捕捉到一只活的"黑白熊"。他亲自指挥工匠在天主教堂里为"黑白熊"做了一个大木笼，将"黑白熊"关在里面饲养、观察，记录它的生活习性。他根据"黑白熊"的体毛、脚底有毛等特征，认定"黑白熊"是熊的一个新品种。他满怀希望地要把"黑白熊"带回法国，向世界展示这种新的动物。可是，由于"黑白熊"离开了自由的野外生活，饲养人员又对"黑白熊"的生活习性不了解，在起程运往法国的途中得病，不治身亡。J.A.P. 戴维只好把"黑白熊"的皮剥下来制成标本，并写了多篇关于"黑白熊"的研究文章，托人费尽周折带回法国，交给当时的法国自然历史博物馆馆长米勒·爱德华兹。J.A.P. 戴维的论文很快在法国一家有影响的《自然历史》杂志上发表，"黑白熊"标本也在法国自然历史博物馆展出。米勒·爱德华兹馆长对"黑白熊"标本和 J.A.P. 戴维的论文进行了深入的研究，最后确定了它科目种属的分类关系，将这种动物的学名定为"猫熊"，也称"熊猫（Panda）"，命名人仍是 J.A.P. 戴维。根据它的体形和中国人的习惯，翻译成中文后分为"大熊猫"和"小熊猫"，并沿用至今。戴维 J.A.P. 制作的大熊猫标本至今依然保存在法国自然历史博物馆。

卧龙自然保护区于 1982 年建立了当时我国自然保护区内最大的一座动植物标本陈列馆。馆藏本地植物标本 2170 个、鸟类标本 225 个、兽类标本 56 个、昆虫标本 700 个、鱼类标本 6 个、两栖爬行类标本 17 个。大量的文字、图片、标本向人们展示了卧龙自然保护区良好的生态环境。保护区内植物资源十分丰富，万亩珙桐林在国内实属少见。除木材类外，药用植物约有 870 种，约占四川总数的 25%。

此外，有油脂植物 80 种、淀粉及糖类植物 42 种、纤维类植物 60 种、单宁类植物 42 种、芳香类植物 28 种。在保护区内，特有的两种兰科植物是卧龙斑叶兰和卧龙玉凤花。巴朗杜鹃、卧龙杜鹃、疏花长鳞杜鹃也是卧龙地区所特有的。此外，保护区可供大熊猫食用的竹类有 8 种，面积近 6 000 公顷，为大熊猫生存、繁衍提供了优越条件。据现有资料统计，保护区野生动物有高等动物约 450 种，其中兽类 96 种，约占兽类总数的 52%；鸟类 283 种，占鸟类总数的 52%；另有两栖类15种、爬行类20种、鱼类6种、昆虫类约1700种。野生动物资源丰富，既有分布在低海拔和中等海拔的东洋界种类，如猕猴、云豹、水鹿、灵猫、果子狸、红腹锦鸡等喜温湿的南方动物，也有分布在亚高山针叶林中，尤其在森林线以上的古北界种类，如白唇鹿、岩羊、马麝、兔狲、雪豹等高原耐寒和北方的动物。

各位游客，特定的森林植被环境使卧龙自然保护区内空气清新、气候宜人，空气中氧和负氧离子含量较高，是一个天然的大氧吧，为游客提供了一个理想的休闲避暑、游览观景、疗养保健的好场所，使大家在观赏珍贵的动植物的同时，能够尽情享受到大自然的恩赐。

（资料来源：卧龙自然保护区.中华考试网，http://www.examw.com/dy/tool/dyc/china/284821/，2014.12.25.）

第二节　人文旅游资源类导游词赏析

一、历史古迹类

北京故宫导游词

各位游客大家好，我是××旅行社的导游员××，在接下来的几天当中，我将陪伴大家共同游览北京的名胜风景，希望通过我的讲解，能够使您对北京留下非常美好的印象，同时也希望您能对我的工作提出宝贵的意见。现在我们就开始今天的游览行程吧。

故宫占地72万平方米，其中建筑面积为16.3万平方米，南北长961米，东西宽753米，周围有10米高的城墙环绕，还有宽52米的护城河，在四角都建有一座精美的角楼。根据1973年的统计，故宫有大小院落90多座，房屋有980座，共计8704间。明朝永乐皇帝朱棣登基不久，在永乐四年，也就是1406年下诏营建北京紫禁城。修建分为两个阶段，第一阶段是从永乐四年开始备料，而第二阶段就是在永乐十五年，即1417年六月开始动工兴建，历时14年，在永乐十八年，即1420年完工。在建造过程中，征集了全国10万名能工巧匠和民夫100万人，而建筑材料都来自全国各地，比如汉白玉石来自北京房山，金砖来自苏州，石灰来自河北易州，五色虎皮石来自河北蓟县盘山，殿基所用的精砖石来自山东临清，松木多来自东北，而楠木多来自四川、云贵、浙江等地，可见当时工程的浩大。故宫基本上是按照明中都皇宫的蓝图而修建的，布局规划遵循了《周礼·考工记》

的都城设计礼制：前朝后寝，左祖右社。大致分为南、北两个部分，南半部为前朝，北半部则为后寝。前朝是以太和、中和、保和三大殿为中心，文华殿和武英殿为东、西两翼，是皇帝举行朝会的地方。而后寝则是以乾清、交泰、坤宁这后三殿以及东、西六宫、御花园为中心，以外东路、外西路的建筑为主，是皇帝处理日常政务和后宫皇妃居住、祭祀的地方。左祖右社是这样布局的：在午门外东侧是皇帝祭祖的场所太庙，西侧则是祭社稷的场所社稷坛。按照这种布局建筑而成的故宫就是明清两代24位皇帝的皇宫，其中明朝14位，清朝10位，统治时间总共长达5个世纪。由于它在中国历史上的特殊地位和精美的建筑群体，所以在1987年被联合国教科文组织收录到了《世界遗产名录》当中，成为世界上规模最大、保存最完整的宫殿建筑群。现在在北京有一条贯穿南北的中轴线，被梁思成先生称为伟大的中轴线，全长8.5公里，南起永定门，北到钟楼，其中包括故宫在内的皇城就占了1/3。这条中轴线也叫作龙脉，线上的景山是内城的中心点，也是故宫的镇山。

  我们有时候还把故宫叫作紫禁城，它的这个名称是怎样得来的呢？我国古代天文学家把天上的主要恒星分为三垣、四象和二十八星宿。三垣是太微垣、紫微垣和天市垣。其中紫微垣居中，是天上皇帝所居住的地方，称为紫宫。封建帝王自称是天帝的儿子，所以他们也把自己居住的皇宫象征为天上的紫宫。而且皇帝居住的地方戒备森严，不许庶民百姓接近，是绝对的禁地，又称为禁宫，所以这里也被叫作紫禁城。这里共有四道门，分别是午门、神武门、东华门和西华门。而紫禁城的正门就是午门，因为在罗盘上，上午代表正南，所以午门也是南大门的意思。它的平面呈"凹"字形，从汉代的门阙形制演变过来。下端有高12米的墩台，正中的墩台上面有门楼，两侧还设有钟鼓亭，东西两侧突出的部分叫观，上部各有廊庑13间，两端还建有重檐攒尖方亭。中央的广场叫阙。在明清两代，这里是朝廷举行颁朔大典和献俘典礼的地方。正中开了三道门，两侧都有掖门，这种做法称为"明三暗五"。五个门洞都有各自的用途：中门是皇帝专用的，或者皇帝大婚的时候，皇后可以从这里入宫；科考三甲也可以从这里入宫。平时，文武百官走左门，宗室王公走右门；掖门只有在大型活动的时候才开，三品以下的官员按照文东武西分别通过东、西掖门，外国使节要从西掖门才可以入宫；在殿试的时候，考生分单、双号，从东、西掖门中通过。

  进入午门，我们首先看到的就是内金水河，它自西向东蜿蜒流过太和门广场，上边还有5座汉白玉石桥，就是内金水桥了。内金水河不仅是故宫中排水的主要通道，也是建筑和灭火的主要水源，同时还起到了点缀景观的作用，使太和门广场在雄浑中不失秀美。

  在太和门两旁还有两道门，就是德昭门和贞度门。每逢皇帝出宫，都要在太和门换车,而且皇帝大婚的时候,皇后也要从太和门进入皇宫。在光绪四年(1878)的时候就发生了这样一件事:在光绪皇帝大婚前夕,太和门突然被火烧毁了,可是大婚当天皇后要从这里经过,所以朝廷就在北京寻找了能工巧匠,连夜用彩绸还有木料搭建了一座假的太和门,才使得婚礼如期进行,而在第二年,太和门才重建完成。

过了太和门我们就进入了太和殿广场,它面积有3万多平方米,在每年的元旦、冬至还有皇帝生日以及一些重大活动的时候,都要在太和殿以及太和殿广场举行隆重的朝礼。

现在我们面前这座宏伟的建筑就是太和殿了,它和中和殿还有保和殿是建立在一个"土"字形的三层台基上,台基南北长230米,高8.13米,在四周还建有一些楼阁,其实就是清朝内务府所管辖的库房。太和殿是故宫中最高、最大的建筑,面积有2377平方米,通高35.05米,面阔11间,进深5间。其实在明朝奉天殿的时候,这里是面阔9间、进深5间的大殿,到了清朝年间,将它改为了现在的大小,其实在两侧的夹室是封闭的,不能作为正殿使用,所以实际上还是面阔9间,进深5间,同时,也将它改名为太和殿。"太和"二字出自于《周易》中的"保合太和",而太和的观念是上古天人合一观念的延伸,强调了君臣之间、人与自然之间还有各个民族之间的和谐。在太和殿的屋顶正脊上还有一个高3.36米的大吻,往下还有11个垂脊兽,在我国古代,异兽的数量越多,代表了殿宇等级越高。在殿内有72根大柱支撑,当中的6根是沥粉贴金云龙图案的金柱,上面支撑了藻井,在藻井当中雕刻有蟠龙,龙口中衔有轩辕镜。"轩辕"二字出自于我国古代天文学中的轩辕星,意思就是轩辕黄帝之星,也是掌管雷雨之星。在殿顶上建有藻井,一是为了代表当朝的皇帝才是中华民族的正统继承人;二则是起到了镇火的作用。

殿内的陈设也非常的多。金銮宝座是明代的遗物,清朝的皇帝继续使用。在袁世凯复辟的时候,曾经将它换成了一个中西合璧、不伦不类类似沙发的座椅。解放以后,专家们在家具库中发现了原来的宝座,经过一年多的整修,终于恢复了它本来的面貌。

殿内的地平床高6尺多,上面设有屏风、宝座等,在台面上还有香亭、仙鹤等等。在皇帝上朝的时候,要点燃檀香,烘托出一种神秘的气氛。殿中有一只象,身上驮着宝瓶,里面放有五谷,寓意天下太平,吉庆有余。而象身四脚立地,稳如泰山,象征社会和政权的稳固,称为太平有象。甪端,是传说中的一种神兽,象征着当今皇帝是圣明之君。仙鹤被古人认为是一种长寿鸟,象征着江山长存。香亭是从香炉演变而来的,放在殿中,象征着国家安定。

在太和殿外还有很多的陈设。"日晷"是我国古代的计时器,在此处象征着标准的北京时间。"嘉量"则是乾隆年间全国的标准化计量器,在乾清宫前也有一个。铜龟、铜鹤都是长寿的动物，放置在这里也是寓意长寿。在故宫内有大小水缸308口，用来防火，叫作太平缸。在太和殿外的这两个镏金大缸，重2吨，可是上面的黄金却被八国联军用军刀刮走了。围绕着太和殿，还有一些故事。在1908年12月，4岁的溥仪在太和殿登基，他的父亲跪在宝座下，扶着他，可是溥仪却哭喊着说："我不在这儿，我要回家。我不在这儿，我要回家。"他的父亲只好说："别哭了，别哭了，快完了。"典礼结束以后，文武百官窃窃私语说这不是个好兆头。果不其然，3年以后，孙中山先生领导辛亥革命胜利地推翻了清王朝，结束了中国的封建帝制。可是在1915年，袁世凯窃取了辛亥革命的胜利果实，自称"洪宪皇帝"，企图恢复封建社会，还在太和殿搞了登基典礼，把三大殿中匾额上的满文统统去掉了。而且还命令京城内的煤铺把墙上的"元煤"去掉，把元宵改为汤圆。不过他只做了83天的皇帝，就在全国一片倒袁声中死了。

中和殿在明朝的时候曾经叫作华盖殿和中极殿，在顺治年间改为中和殿，取自《礼记·中庸》"中也者，天下之大本也；和也者，天下之达道也。"殿名体现了儒家的中庸思想。在明清两代举行大朝礼的时候，皇帝在赶赴太和殿之前，都要在中和殿稍作休息，接受官员朝贺。在遇到重大祭典的时候，还要在前一日在中和殿阅览祝文或者检查种子、农具。清朝规定每10年要修一次皇室的家谱，也就是玉牒，在修订好以后，就要在中和殿内让皇帝阅览，并举行存放仪式。

过了中和殿，我们就来到了保和殿，明朝这里曾经叫作谨身殿、建极殿，顺治年间改为保和殿，名称来源与太和殿相同，都是"保合太和"之意。保和殿在明清两代用途不同。明朝在举行册立大典的时候，皇帝都要在保和殿内更衣。在年底，还要在此宴请文武百官。在清朝的时候，每逢正月十五、除夕，也都要在此举行宴会。而且这里还是清朝举行殿试的地方。在保和殿后，有一个巨大的云龙石雕，是艾叶青石雕刻而成的。清朝乾隆年间，将原来明代所雕刻的花纹去掉，重新雕琢。石雕高16.57米，宽3.07米，厚1.7米，重达200多吨。在石雕四周都是卷草纹，下端是海水江崖纹，中央是飞云簇拥的九条蛟龙，制作非常精美，是难得的石雕珍品。这块石头来自北京的房山，搬动这块石头的时候动用了很多的人力物力。不过这块石头为什么会在保和殿后面，史料上是没有记载的，根据专家推测，可能是因为这块石头运过来以后就放在这里，想要重新移动非常的困难，所以就放在了这里。

游览完了前三殿，就来到了后寝区的正门乾清门。在后寝区中共有15宫，专家认为，这与天文学中的紫微垣和八卦都有象征性的关系。

在清朝康熙年间，乾清门是举行御门听政的地方；而在西侧还有一排连房，就是军机处，它是在雍正年间设立的，直到辛亥革命爆发的时候才被废除。军机处是一个非常重要的机构，凌驾于内阁之上，但是当时为了防止泄密事件的发生，都察院每天都要派御史到军机处旁边的内务府值班，监视这里的活动。

现在大家看到的就是乾清宫了。"乾清"二字取自唐代韩愈《六合圣德诗》中的诗句："乾清坤夷"，意思就是天下清和，各地平安。在明朝和清朝初年，皇帝的寝宫一直都是这里，到了雍正皇帝以后，就挪到了养心殿，从此，乾清宫就成了皇帝听政的地方。在每年过节的时候，皇帝都要在乾清宫举行庆典活动，清朝康熙、乾隆年间，还在宫内举行了"千叟宴"。"康熙智擒鳌拜"的故事也发生在这里。而且皇帝死后，必须要在这里停灵，祭奠15日，表示寿终正寝，之后才可以转移到其他地方。在乾清宫内正中设有金漆宝座，后面还有屏风，上面刻有先帝的圣训。在宝座上方还高悬着"正大光明"的匾额。在雍正皇帝即位以后，对于争夺皇位的种种弊端，他发布了秘密立储的上谕，从而改变了封建王朝公开册礼太子的制度。此后，皇帝亲自写储君谕旨两份，一份放在这块"正大光明"的匾额后边，另一份则自己藏起来。在皇帝去世以后，拿出两份诏书核对无误以后，即可生效。

在明朝，围绕着乾清宫还发生了三大疑案，就是"壬寅宫变""红丸案"还有"移宫案"。"壬寅宫变"就是在明朝嘉靖年间，皇帝正在乾清宫中睡觉，宫女杨金英等16人一起下手，想把皇帝勒死，但是在慌忙之中却把绳子打成了死结，所以没有成功。结果这些人就全都被处死了，这年正好是壬寅年，所以称为"壬寅宫变"。自此以后，皇帝不敢在乾清宫中居住，直到临终前一天才回到这里，但是当天就死了。"红丸案"的发生是在明朝万历皇帝朱翊钧死了以后，他的儿子朱常洛即位。但是不久他就病了，服用了进贡上来的红丸，吃了一颗感觉很不错，所以又吃了第二颗，结果就死在了乾清宫内，前后只做了29天的皇帝，所以被人们称为"一月天子"。"移宫案"是在"一月天子"朱常洛死了以后，他的爱妃李妃有野心想当皇后，所以就坚持要和即将登基的皇太子朱由校一起住在乾清宫，以此要挟群臣。但是这些大臣设计把太子从她手中骗了出来，可是她还是在乾清宫不走。直到太子即位前一天晚上，大臣一起到门口斥责她，就这样，她才被迫离开了乾清宫。

在乾清宫的后边就是交泰殿，取自《易经》中的天地交泰，象征着帝后生活的和谐。在殿中央放有25颗宝玺，上方高悬着康熙皇帝御书、乾隆临摹的"无为"匾额。东侧陈设着我国古代劳动人民发明的计时器——铜壶滴漏，西侧陈设着大自鸣钟一座。在每年皇后的生日，皇后都要在交泰殿接受庆贺礼，就连皇太后还有皇帝都要来这里庆贺。在每年皇后到先蚕坛举行仪式的前一天都要在这里检查采桑工具。

好了，各位朋友，故宫的讲解到此结束，请朋友们自由参观！

（资料来源：北京故宫导游词．第一范文网，http://www.diyifanwen.com/fanwen

daoyoucifanwen/1611401204788429.htm，2015.10.）

二、民族风俗类
万种风情云南民族村导游词

云南民族村位于云南省昆明市南部的滇池之滨，距市区8公里，占地面积1 250亩，是云南省新兴旅游基地、展示云南各民族文化风情的窗口。这里四季如春，气候宜人，鸟语花香，自然人文景观与民族风情和谐地融为一体。

云南民族村拟建25个少数民族村寨，同时还建有民族团结广场、民族歌舞厅、风味食品城、宿营娱乐区等一批集观赏、游乐、度假、水上娱乐、餐饮服务于一体的综合配套设施，能满足不同层次游客的需求和爱好。

傣族村寨是进入民族村的第一个村寨，占地面积27亩，三面环水。寨内绿树、鲜花掩映着一幢幢"干栏"傣家竹楼，交错蜿蜒的红砂石小径通向庄严、肃穆的缅寺，巍峨壮观的白塔、精巧玲珑的风雨桥、风雨亭、水井、钟亭等建筑充满着傣乡的浓郁风情。傣寨最富特色的是动态文化展示。一年一度的"泼水节"、活泼欢快的"象脚鼓舞"，婀娜多姿的"嘎光舞"，还有节庆期间的傣族婚礼表演、赛龙舟、丢包等民俗活动丰富多彩，异常热闹。

白族村位于云南民族村以西，占地62.5亩。村内"三坊一照壁""四合五天井""本主庙"以及按实物比例缩小4倍建造的大理"崇圣寺三塔"等建筑，造型对仗工整、富丽堂皇，整座村寨院落鳞次栉比，宽敞整齐。一条经营精美工艺品的"大理街"贯通南北，民族扎染、草编工艺品、珠宝玉器、木雕石刻等琳琅满目，应有尽有。白族文化历史悠久，民间艺术"霸王鞭""草帽舞""大本曲"充满喜庆欢乐的气氛；民俗节庆活动有热闹欢快的"三月街""绕三灵""迎新媳"等；传统"三道茶"可谓是民族茶道文化中的一绝，其精美的配料做工、高雅的礼仪氛围，使人有"此茶只应天上有，人间难得饮几回"的感觉。村中还有堪称"石中之王"的大理石作坊和精美绝伦的蝴蝶标本展览，淋漓尽致地体现了白族典型的民族特点和丰富的文化内涵。

彝族村地处民族团结广场以西，占地面积51余亩。村内具有导向性的三虎浮雕墙、别具一格的虎山，充分展示了彝族绚烂的虎文化特色。雄伟、壮观的太阳历广场中央耸立着高大的图腾柱，柱上有太阳、虎、火的图案和中国古代的八卦图，周围环绕着黑白面向不同方向的10个月球雕塑，最外围的十二生肖石雕形态各异、惟妙惟肖。村内有烤酒作坊、文化楼、"土掌房"建筑和茶山、斗牛场、磨秋等，全面、生动地体现了彝族粗犷、古朴而不乏精巧、别致的民俗风貌。彝族不仅能歌善舞，而且热情好客。彝族"左脚舞""大三弦"热情奔放；"土司礼仪""拦路酒"等民俗活动情浓意深。每逢"火把节"，在太阳历广场都要举行盛大的庆祝活动，人们燃起篝火，点上火把，弹起大三弦，纵情高歌，气氛异常热烈、欢快。

纳西族村位于白族村以西，占地面积49.5亩。村寨入口处的纳西族保护神"三朵神"坐骑塑像和两面以《创世纪》为题材的大型浮雕墙表现出强烈、鲜明的东巴文化气息。以重彩绘画、雕刻为主题的"三坊一照壁""民居楼""花马坊""工艺楼"等主要建筑衬托出极富特色的丽江"四方街"。纳西族历史悠久、文化厚重，著名的东巴象形文字堪称象形文字的"活化石"，它是目前世界上少有的还在民间流传使用的活的象形文字。用这种象形文字写成的典籍叫"东巴经"，是一部古代纳西族的百科全书。清新优雅、娓娓动听的纳西"洞经音乐"，融合了古代中原宫廷宴乐的旋律、音韵，是当今民族音乐中不可多得的精品。

佤族寨内建有茅草房、牛头广场、神灵广场及粮仓等。牛头广场是佤族古老的"剽牛"活动场所，而神灵广场则表现了佤族万物有灵、灵魂不死的自然崇拜观念。佤族"木鼓舞"节拍鲜明、强烈，风格粗犷、豪放，佤族姑娘在舞蹈中长发飞舞，舞姿刚健，具有浓郁的民族风格。

藏族的衣食住行、婚丧嫁娶、礼俗节日等都带有鲜明的高原印记。糌粑、酥油茶和青稞酒是藏族同胞的生活必需品。藏族同胞宁可三月无肉，不可一天无酥油茶。青稞酒是用当地出产的青稞自酿的一种低度酒，男女老少皆喜饮。藏族食物多为肉制品和奶制品，且爱吃风干的牛、羊肉。藏族的服装主要是传统藏服，特点是长袖、宽腰、大襟。妇女冬穿长袖长袍，夏着无袖长袍，内穿各种颜色与花纹的衬衣，腰前系一块有彩色花纹的围裙。藏族同胞特别喜爱"哈达"，把它看作是最珍贵的礼物。

步入基诺族寨，可以看到绿树、鲜花丛中点缀着嶙峋怪石，一幢幢基诺茅草屋错落有致，仿佛走进了滇西南山峦起伏的基诺山区。基诺族寨建有基诺族大公房、民居楼、粮仓和太阳广场。基诺族有着丰富的文化，同时能歌善舞。在表现基诺族太阳崇拜的太阳广场上，欢快、热烈的"太阳鼓舞"鼓声雄健、浑厚，舞姿轻快、活泼，是基诺族最具民族特色的一项活动。

拉祜族寨内建有拉祜族茅草房、大公房、教堂、牛棚以及葫芦广场。位于拉祜族寨中心位置的葫芦广场形似一只硕大的平面葫芦，中心有一组石雕葫芦。传说拉祜族的祖先源于葫芦，因此葫芦广场表现了拉祜族的祖先崇拜观念。拉祜族寨中，葫芦丝悠扬、婉转，口弦声余音绕梁，表现拉祜族劳动场面的"丰收摆舞"充满欢腾和激情，使人难以忘怀。

布朗族寨内建有民居、鬼神广场等建筑。鬼神广场表现了布朗族万物有灵的自然崇拜，广场中央竖立着布朗族的图腾；同时，广场也是布朗族祭拜神灵和表演歌舞、举行习俗活动的重要场所。

紧依"泸沽湖"畔建有摩梭人居住的"木楞房",这座全部用原木建成的风格古朴的四合寨楼取名为"摩梭之家"。摩梭人居住在滇西北高原永宁地区的泸沽湖畔,人口约 8 万多,至今还保留母系氏族和母系家庭的生活习惯。这一奇特的民俗引起了全世界人类学家的关注,也给摩梭人增添了奇异、神秘的色彩。在"摩梭之家"这个风光秀丽、充满神秘色彩的地方,热情好客的摩梭姑娘载歌载舞,向贵宾献上酥油茶,为游客荡起"猪槽"船,一曲情深意长的"玛达咪",给人留下难忘的印象。

民族团结广场坐落在翠漪洲北面,象征着云南各民族团结向上的精神,汇集了云南各民族体育、民俗活动之精华。每天有苗、彝、藏、佤、傈僳等民族歌舞表演和民俗活动表演。亚洲象群表演是云南民族村新近开展的一个游乐项目,7 头训练有素的大象在驯象员的指挥下表演各种惊险、滑稽节目,让人捧腹开怀,乐不可支。

各位朋友,讲解到此结束!请大家尽情领略不同民族的风情吧。

(资料来源:云南民族村.云南旅游网,http://www.yyn8.com/travel/ShowArticle.asp?ArticleID=2057, 2012.12.16.)

本章关键词

自然旅游资源　人文旅游资源

课后练习

讨论:分享一篇最喜欢的经典导游词

参考文献

[1] 熊剑平.导游实务.北京：旅游教育出版社，2009.
[2] 袁俊，章晴.湖北经典导游词.北京：旅游教育出版社，2009.
[3] 李蓝蓝.试析导游体态语.探索与争鸣，2009：C9-33-02.
[4] 高永丰.浅谈导游态势语言的运用.现代企业教育，2008：12.
[5] 蒋炳辉.导游带团艺术.北京：中国旅游出版社，2001.
[6] 张文俊.旅游工作者的礼貌修养.北京：中国商业出版社，1993.
[7] 姜福金.导游实务.大连：大连理工大学出版社，2006.
[8] 韩荔华.实用导游语言技巧.北京：旅游教育出版社，2004.
[9] （美）朱莉莱斯·法斯特.体态语言.北京：旅游教育出版社，1989.
[10] 赵利民.模拟导游（第二版）.大连：东北财经大学出版社，2010.
[11] 马树生，许萍.模拟导游.北京：旅游教育出版社2008.